大樂文化

大樂文化

大樂文化

黑男邱比特的
愛情經營學

在感情路上遇到對的人，才能成就更好的自己！

黑男——著
Cupid In Black

CONTENTS

Chapter 2

Chapter 3

其實戀愛並不難，難的是經營兩人關係

CONTENTS

Chapter 4

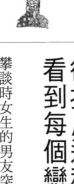

推薦序
人間月老，那個很神奇的男人

台灣知名兩性YouTuber作家　SKimmy

沒有什麼事比「讓黑男教你搭訕」更靠譜了。

我第一次遇見黑男，不意外，是在東區街頭，忠孝敦化站外的Zara門口。乍看之下，這個陌生男子戴著墨鏡、皮膚黝黑、氣質帶了點侵略性，但一開口讓你不跟他聊兩句都難。

同樣身為YouTuber，我曾經也嘗試過「街訪」的形式（畢竟這是最真實的人性現場）。但是，和陌生人搭話，不會比算數學、寫程式、搞會計簡單（說實話，我還寧可去算數學），真的！爆！炸！難！

我相信很多男生、女生一定都跟我一樣有過這樣的經驗——在街上、酒吧或陌生聚會場合，想和某個有興趣的陌生人攀談（不一定是因為戀愛上的興趣，也可能是工作上的欣賞），但盤算了一百種開場白、推演一百種對方可能的回答，結果到了真正開口的時候，自己都覺得尷尬得想死。

我覺得黑男厲害的地方，就是他可以「自來熟」，但不像某些人那樣會讓人覺得不舒服。黑男靠著自然流露的真誠、開朗、沒心機，讓成千上百個東區街頭正妹卸下心防。你們知道要讓東區街頭正妹卸下心防有多難嗎？她們每週可能要應付三個尷尬路人、四個莫名推銷、五個酒店或直播經紀，早就練就了「冷漠拒絕法」這種絕活。

對我來說，黑男就像是「戀愛實戰經驗」的武林宗師，他不像我屬於文謅謅的心理理論派，而是親自每天在人間（AKA台北街頭）觀察許多愛情誕生的月老。所以，跟他學戀愛技巧，就像郭靖跟洪七公學「降龍十八掌」，沒那麼多廢話，直接教你怎麼打就對了。

黑男本身如同一個龐大的資料庫，掌握了年輕男女的戀愛偏好、個性趨向，就像我常說的——只要有同理心，情路上就沒什麼太難的事。當然，也有很多觀眾跟我反應說：「可是，同理心到底要怎麼練成？」

有些人天生就有辦法換位思考，另一些人則需要親自瞭解「原來世界上還有別種想法」來補足。黑男恰恰正是蒐集最多「別人真實想法」的大師，他多年來經營街頭配對的心得，絕對是想精進戀愛學分的男女們最需要的寶典。

對於在情路上受阻受苦的廣大人群來說，黑男就是你們引頸期盼的情聖兄弟，他搭訕過上千位男女，親自站在第一線瞭解他們的擇偶喜好，自己又有超正的女朋友（請容我喊她一聲Lucy嫂）。

當大家都暗暗羨慕這個人生勝利組的時候，黑男依舊不改他真誠的本性，決定要把自己的畢生絕學分享給大家，造福所有單身男女。沒錯，那個出沒東區的人間月老終於來普渡眾生了。

作者序
如果你很害羞，我來推你一把！

哈囉，大家好，我是黑男。相信很多人已在網路上看過我的節目《黑男邱比特》，知道我是個會在路上幫單身族配對的YouTuber，狩獵範圍目前瞄準各位東區第一帥和第一美，掌聲鼓勵——啪、啪啪啪啪啪。許多看我影片的觀眾，或許會嚮往我鏡頭下的世界，想像過在台北東區遇到某個青春貌美、英俊瀟灑的對象，然後心動、戀愛一次完成。

現代人的生活步調實在太匆忙了，很少有時間去體驗這種邂逅，才變得更渴望類似的經驗。也難怪一個五分鐘的短片、偶像劇，可以輕易帶來生命中近似愛情的成分，適時填補疲憊的心情，變成每個人在情感需求上都極度想擁有的「名牌奢侈品」。

很多人聽到我這樣講，大概會說黑男是靠帥哥、正妹來衝點閱率，其實這麼說也沒錯啦，但我的節目標榜的不只是帥哥正妹，更重視的是人與人互動所迸出的火花。這些真實的反應是騙不了人的。

只有正妹或帥哥的影片很容易讓人看膩，但是當鏡頭前有一點點真情流露的表現發生時，旁觀的人自然也會跟著心動。這個邏輯很簡單，舉例來說，你覺得一個美女可愛，不會只因為她的臉蛋好看，還要有一些感覺對了，像是跟你有個共通的興趣、在你眼中有著最單純甜美的笑容，她才是讓人心動的美女。

做影片也是同樣的感覺。網路上有太多不真實的東西，我們往往只是對著螢幕、不跟真實的人互動，甚至用假的照片或身分在交友APP上跟人往來，但真正面對面互動其實是很重要的，很多認識新朋友的機會都發生在我們的生活周遭。

我很喜歡真實的東西。這幾年來，我和團隊已拍攝至少上百支配對影片，也不斷嘗試發想一些與男女交流有關的題材。雖然我不敢說要開班授課，教大家脫單，但對於和帥哥、美女說話的準備，還是略懂一些。我也不敢自稱是兩性大師，能保證讓每段戀情都長長久久，但看到雙方的互動多少能略知一、二。

怎麼跟異性說話？怎麼把自己準備好？怎麼讓關係穩定繼續？這些都是談戀愛時永遠無解的問題，因為戀愛不是數學，沒有公式告訴你什麼是唯一的解法，但幸好戀愛不是數學，所以你可以用一百種方法去嘗試。

根據我多年為單身族配對的經驗，兩人之間的關係不是簡單一句「外貌」，就能解釋清楚。即使是各種條件都極為優質的男性或女性，一旦用錯方法，也無法打動心儀的對象。有時候，距離遙遠的不是你與對方的條件差異，而是你們之間沒有用對方式。

本書不會直接教你如何搭訕，因為那樣做通常會被當成變態，而且我不會一直鼓勵大家接受陌生人搭訕，畢竟路上壞人很多，我們不能當個笨蛋。我希望拿起本書的讀者，學到一種生活態度和熱情，知道準備戀愛的心情，也要拿捏好戀情未滿的心態。

各位可以看看我在路上遇到的情況，再想想自己，或許就知道自己做了什麼，才把愛關在門外。而且，不需要羨慕帥哥正妹、覺得自己顏值低，或者認為自己沒有錢，就沒有談戀愛的機會，於是放棄追愛，其實有時候只差了小小的一步。

本書不只寫給男生，也寫給女生，但願各位讀者把世界上所有人當朋友，放開心胸讓彼此笑出來。當你準備好，愛情就來了。

同時，也可以給我一個機會，讓我來幫你，轉角遇到愛。

抓拍，
墨鏡下的邱比特

有人問我，希望看了這本書的人，得到什麼啟發？
這個問題很複雜，我無法替任何人定義他的感受，
就像我鏡頭下的每幅影像，都是獨一無二的體現。
從一個音樂人跨足到 YouTuber 的我，
喜歡研究怎麼與人互動，想記錄更多陌生的、認識的人……

① 我的父母，家庭背景和性格愛好差異很大，但還是很幸福。
這兩人共同修煉愛情，我是他們的DNA細胞分裂……

② 一歲時，就是個音樂天才（踢飛）

③ 安安，美女姊姊給問嗎？

④ 事實是，蓋不住就會
跑出來的野獸本性

⑤ 吊帶背心、西裝襯衫，黑媽對兒子
的著裝，堅持走英倫王子風

⑥ 跟小姑姑的合影，猜一猜黑男是哪個？

⑦ 以爺爺的名譽發誓，真相只有一個

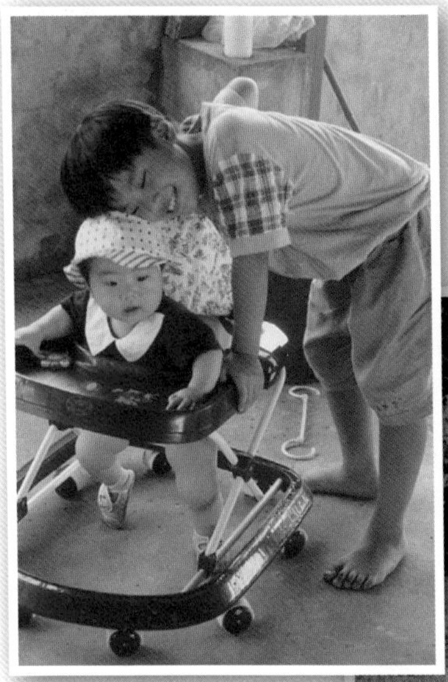

⑧ 黑男與白弟，
今天開始是老大

⑨ 身騎白馬載王子

⑩ 公主在身邊

⑪ 四口之家，一屋三男，愉快的全家福

⑫ 社團成果發表，主唱大人就是我！

⑬ 高校男生，紅紅青春敲啊敲

⑭ 從高中開始玩樂團直到現在，
音樂陪著我彈奏了半場青春

⑮ 2010年鋼琴教學，我在追夢的路上，也在幫別人圓夢

⑯ 一路走來，鋼琴一直是我最好的夥伴

⑰ -1

⑰ -2

⑰ -3

他們的支持，造就我不斷前進的動力

⑱ 街頭好聲音的美女們
四年了，黑男邱比特從台北東區、香港到馬來西亞……

⑲ 潛行，馬來西亞情人節活動

⑳ 在台中杏屋蛋糕，令人熱血沸騰的現場配對活動

㉑ 電玩廠商的現場配對活動
聖誕節在旺角街頭，幫單身男女牽紅線

㉒我與張姊（餐廳股東）

㉓ 特別助理兼香港區經理人陪同，在亞洲到處走

㉔ 鐵打的助理

㉕ 老搭檔壽司

★鏡頭下，值得紀念的每一刻

㉖ 難得放鬆的春酒，跟一群合作夥伴、好朋友

㉗ 認識更多人，為更多人找到幸福，是我不變的堅持

㉘ 有一台單反，我就可以繼續下去……

㉙ 最後彩蛋，當然留給我最可愛的女友——露西

㉚ 下一個週年，我們還會手勾著手放閃！

前言
踏出第一步，經營愛情的收穫絕對超乎想像

在投身拍片之前，我是搞樂團的。起初，我專門創作一些YouTuber最需要的版權音樂，但做著做著，又覺得當個音樂製作人不是那麼適合我的本性。

♫ 變成邱比特前的黑男

我喜歡跟人互動、喜歡跟不同的人說話，這樣才讓我覺得有真實感。其實大部分的音樂工作者跟大家想像得很不一樣，在創作過程中常常要單獨面對樂器和螢幕，大多時間只能和自己待在一起。這也沒什麼不好，只是對我來說感覺不太對，總難免有一點點不滿足。

恰好，當時有個搞樂團的朋友找我去某個線上平台主持節目，最開始提給我的企劃案是「街頭實驗」。我一聽內容好像還蠻有趣的，也沒有多想什麼就上工去了。那時我只和參與錄製的團隊夥伴稍作準備，就真的上街頭實拍，而且從此我一路拍了四年影片直到今天。

最開始，我們拍攝的主題偏向社會實驗，譬如有支影片，是模仿某個國外團隊在巴黎街頭錄製的路倒實驗，目的是藉此測試台灣民眾的反應。第一次拍片，我其實有點緊張，但一入鏡又覺得一切都很自然，那感覺，有點像我心裡知道該怎麼做，身體自動就動了起來，剛好也很符合影片需要的呈現方式。

結果這支影片一拍完上傳，沒想到嘩！立刻衝破幾十萬的點閱爆紅，接著，新聞媒體各種採訪都陸續來了，平台的訂閱數也很順利地上升。這可以說是黑男最開始的第一步，幸運得令人戰戰兢兢。

隨著關注慢慢變多，網友留言也不斷增加，其中有好的回饋，當然也不免有很多壞的批評，有時候，在我影片下方的留言區罵聲一片，譬如我的第一支影片裡，有網友說我們濫用人家的愛心，也有人覺得我們拍得太假太不真實，總之雖然罵聲不少，但我真的覺得很有意思。

因為透過螢幕，我真正地和人們產生互動，感到非常開心。儘管同樣是一個人面對螢幕，但我和這些留言者確實進行交流，使我從內心深處湧出一股感動。

我就是想做這樣的事。因此在拍完街頭實驗後，我開始更進一步思索自己適合的節目類型，上傳的影片內容，也慢慢走向街頭約會實測和各種類型的街訪。當時，經紀公司有意把我這個人塑造成比較酷的形象，基調採用我一直戴到現在的墨鏡、黑白為主的穿著，主走街頭潮男的打扮。

既然是潮男，又怎麼能不談戀愛？這樣的人設，順理成章讓我的節目走向探討一些比較兩性的議題，各種戀愛小劇場也由此而生。最開始的這些嘗試，一層一層延續下來，對現在的我來說是發想節目時很重要的養分，要是缺少其中任何一步，或許我就不是大家看到的黑男，也會失去認識許多有趣的人的機會。

在這個過程裡，我不斷思考自己追求的事物是不是我想要的？是不是觀眾想要的？**做節目時，我最優先考慮兩個部分：首先是真實度，第二個是觀眾的想法。**

針對真實度，實境拍攝是我始終如一的堅持，也是一種挑戰。經過這些年的努力，現在我已經可以在經營的這個頻道上更忠實地做自己，呈現給觀眾一個更直白也更真實，不是只為了裝酷去塑造的形象。

至於觀眾的想法，對我來說不僅僅要考慮什麼東西是大家愛看的，拍攝時我更常想的，是這些東西會帶給觀眾什麼？對我來說，無論觀看人數和留言數，都在提醒我身為YouTuber的責任。那麼多人看我的影片，代表我說的話、做的事會有一定的影響力，因此我們在影片中傳達出去的東西變得很重要。

這些因素促使我在自己的頻道中做出許多改變。很多從最早就認識我的朋友，可能覺得我的主持風格慢慢產生變化，或是發現我會嘗試一些比較特殊的題材。這種種一切都說明，在這條路上，觀眾和這份工作是推動我進步的最大動力。

♫ 為什麼選擇當邱比特？

從最早開始追蹤我的朋友們，應該會發現我天生很喜歡面對人群，樂於和許多認識或陌生的對象互動，觀察對方的反應。我的影片主打街頭牽線配對，後續拍攝的流程，大部分是由我隨機在街上找個女孩子後，用一些簡單話題引起對方興趣，稍微培養一下雙方的信任，再嘗試跟對方要聯絡方式。

這其實也是街頭實驗的一種延伸，點進影片的人，多半想看看雙方在後續可以觸發什麼火花，但結局其實不外乎給或不給兩種，實在太好預測，導致拍到最後，連我自己都覺得有點被定型了，對觀眾來說更是如此。

剛好這時候，我看到許多YouTuber拍的影片也開始主打搭訕女生的教學，像是什麼「把妹大師」，在鏡頭前開課拉著學員到東區去搭訕女生，內容說穿了就是找個人盯著當事人，主動練習怎麼和女生講話。我覺得這種做法很不OK，也很不尊重女生。雖然影片的原意是想呈現實地演練的真實感，但常常處理得沒那麼好，反而弄得學員很尷尬，被挑上的女生也很害怕。

我開始反思，假想在我拍攝的影片中，雙方應該可以有更良性的互動，更容易能和彼此建立溝通。因為之前的工作需求，我有很多跟女生搭話的經驗，對說什麼話會讓女生不舒服，我很有自信，也知道什麼時候是該停止、什麼時候該繼續。

我不打算自己開課，也不想靠拍這種教學影片賣錢，但怎麼讓上傳的影片具有新鮮感，能維持我對實境的要求，同時達到我想推廣街頭互動的概念？我開始拍「街頭隨機配對」，透過在鏡頭前幫單身女孩搭訕某個速配的陌生男子，促進兩人的交流，實際記錄並忠實呈現他們的反應。

我試著讓「搭訕」不完全像一場生硬的教學。我發現兩個生澀的陌生人間，可以產生的變化太多、太多了，透過的互動讓雙方一再去體驗這些過程，最完美詮釋了男女互動的百態，瞭解每組配對成功與不成功的背後，都有自己的原因。

這四年下來，我拍攝過成千上百組配對，在東區待得久了，大部分來東區逛街的女生說不定都被我搭過話。每次成功的過程都很獨特，甚至有些人是隔了一天才找到速配對象。這些緣分的促成，很多都是看當下的運氣，過程都如此，結局當然不會只是單純的二選一，在一起或沒在一起那麼簡單。

通常，我不太會追蹤每一對入鏡者的後續。有段時間，我滿堅持自己只能是最開始的推手，如果我一直督促每一對成功的組合要在之後回報，其實無形中會造成他們的壓力，反而會使兩個人的相處變得不自然。其實多數最後真的走向交往的CP，同樣也會期望低調。畢竟感情是兩人的事情，常暴露在公眾眼光下，反而不好。

因為我的不插手，也讓這些配對者們有更多的發展空間。最常見的的例子，是在一起後回東區逛街卻被我遇見，更有趣的是，這樣的情侶組合，有時同框的不一定是同一場的配對者。譬如，有幾個不同集的影片主角，從別的影片中看見他（她）認為合適的對象，彼此藉由上過黑男影片這層話題逐漸走到一起。

對於兩個陌生的人來說，會走到一起的最大動力之一是有共通話題，一起被黑男找過並參與一場配對遊戲，已經可以當作第一個破冰話題，從影片中還可以得知彼此的想法，速速通過阻礙感情的第一道防線！

另外，我曾經在路上，遇到經由我配對而順利結婚的夫妻。這樣的人數不多，每次撞見對我來說都是驚喜。當然，走入家庭的人更謹慎，更不喜歡入鏡，我遇到這種情況不會勉強拍攝，因為他們的幸福就是我當天最開心的事情，有時候我也會得知，兩人的交往不那麼順利而選擇分開，又或是在進一步認識之後，發現自己和對方不是那麼適合，而選擇止步在朋友階段，但雙方成為朋友這種發展也很好。

我常常跟女生說「就當交一個朋友」這句話，來說服她們參與配對，我相信兩個人在自然相遇的過程中，會找到最適合雙方的互動模式，情侶是一種，朋友當然也會是一種。

我只是在最自然的情況下推了雙方一把，讓他們有了相見的理由，最後選擇繼續或分開，都是這兩人最純粹的感受。戀愛就是這麼的任性，但也是因為這樣，所以才這麼地有趣。

在我看來，不刻意強求才是真正的邱比特。手持金箭的愛神，只需讓雙方有感覺，是不是在一起就不歸祂管了。

有時選擇踏出那一步，會因為害羞、害怕、緊張等等情緒，停下腳步，但其實踏出那一步後，你能得到的，一定比你現在所擁有的更多。或許，你收獲的不限於交往對象，可能是個朋友，或是讓你和下一個人相遇時，所能使用的經驗值。

不論哪個都很棒，但如果不試著往前走的話，你能得到的東西大概要錯失了。

《黑男邱比特》期待能夠推廣這樣的概念，讓談戀愛這件事不要變成讓人害怕的事情，不要那麼有壓力和限定自己一定要做到什麼程度。認識人這件事本身就可以開開心心的，為什麼大多數的人要選擇那麼累的方式，讓雙方因為疲倦而忘記戀愛本身的好處。

如果你害羞，我就推你一把，讓你知道自己能做的事比你想得更多更開心。

Chapter 1

戀愛不能只憑感覺，我配對的經驗是……

光在東區，我已和1、2千位漂亮女孩攀談過

這個世界尤其是台灣，絕不缺美女，只缺少發現美女的眼光。你一定看過很多採訪外國人的影片，他們都說：「台灣的女生很漂亮！」有些人看到這樣的影片會留言：「只是客氣啦」、「外國人眼光都很怪」、「外國人很重口味」，但我要鄭重地告訴大家，這一切都是真的！台灣的女生真的很漂亮。只是我們平常看習慣了，把她們視為日常的風景。

書翻到這邊，我猜差不多有人應該要摔書了，不過，我相信我的粉絲都很有耐心，不然，平常看我的影片一定都在摔電腦（為什麼大家捨不得摔電腦？因為電腦很貴？不是吧！當然是因為我的影片裡還是有很多好看的正妹！）話又說回來，如

果台灣美女沒有那麼多，我要從哪裡遇到這麼多正妹？我可是光在東區就拍了一兩百支影片，而且還都不重複，如果再加上拒絕我的人（難道要我承認我每天都會被拒絕十幾次嗎!?），我可能就已經跟一、兩千位漂亮女孩子搭過話，全部都是新面孔。聽起來不是很厲害嗎？

所以之後走在路上的時候，多左右張望一下，你很有可能突然覺得很驚訝，怎麼路上正妹這麼多。各位看過我在路上找人吧？我不是漫無目的地亂晃，會先暫定在一個定點，仔細地看過周邊走過的人，有時候都被團隊人員說有點像變態——喂！但真的啦，你就當被我騙一下不會有損失，要是認真觀察，你也能磨練出看正妹的眼光。

♫ 說我是專找正妹的色胚？謝謝肯定

我的編輯告訴我，這是本書的第一篇，在教學之外，也要講一些以前的故事。

那就來說說我看正妹的眼光是怎麼練起來的吧！

從觀眾的回覆來看，我的眼光應該算是還蠻符合大眾標準的，聽到都有些人說，我是個專找正妹的色胚時，我覺得這是對我眼光的肯定，心裡其實還是有那麼一點點小得意。

至於我從什麼時候開始練出這樣的眼光？說到這個，我大概要露出一個「紳士」的微笑，我從小到大都是這樣欸！各位大概很難想像黑男小時候的樣子吧？那些開始在腦內套路蠟筆小新的請稍微克制一下自己的想像，說起小時候的我，看起來可是個小紳士。

因為黑媽是鋼琴老師的緣故，我小時候的裝扮，乍看之下，不誇張，活脫脫一個走英倫皇室風的清秀小乖乖，會穿著吊帶小短褲，搭配上高筒襪和擦得亮亮的小皮鞋，還每週去上鋼琴課。但人的本質，不會因為外表就有什麼天翻地覆的變化，就算當時看起來是小紳士，我本人心底早就已經是個對正妹充滿執念的好孩子，雖然那個年紀其實什麼都不懂，也已經知道該怎麼欣賞美的事物。

這樣的欣賞是突破年齡限制的。可愛的小女生和成熟的大姊姊，都讓我當時幼小的心靈充滿快樂的能量。那種看正妹的感覺很純粹，欣賞美的事物，並且純粹因為這個人帶給你一種清新的感覺，感到快樂，我猜，這也算是一種天賦。從這個角度來看，我覺得小時候的我，或許比現在這個中年大叔更有眼光。

在幼稚園的時候，身邊的小男生都還在嫌女生不好玩，用捉弄女生當成生活中的調味劑，我已經學會牽住其中最可愛的小女孩，在大家郊遊時當她的護花使者，而且手還沒有被甩開喔！

那時候，這件事被身邊很多大人當作笑談，甚至把過程拍下來，之後只要翻到照片，就笑我從小便是個色胚。但我就算被所有大人圍著，被笑說喜歡牽女生的手，我也一點羞恥心都沒有（請大家收起板凳、不要揍我），只覺得自己做了一件讓自己和對方都開心的事。

我這樣的個性，或許也是我鋼琴啟蒙的原因。不知道買我這本書的讀者當中，有沒有學過鋼琴的人？學鋼琴對小孩來說其實真的有點折磨，你想想在那個年紀，連睡覺都嫌浪費時間，整天想要到處跑、到處晃、到處冒險的男孩子，要乖乖坐定在那邊兩、三個小時，然後不斷按著面前那些看起來都一樣的黑白鍵盤，真的不太好玩。

那為什麼我有辦法當一個好孩子乖乖坐在位置上練琴？這就要從第一次見到我的鋼琴老師說起。她當時還是就讀音樂系的大學生，就像所有學音樂的女生一樣有著長長的頭髮、清秀的臉龐，超級有氣質，看到她的第一眼，我只想著老師好漂亮喔！

於是，當媽媽問我要不要學鋼琴時，我光期待著每週都有幾天可以跟這個漂亮的大姊姊一起玩，就二話不說地默默點頭，我的音樂之路就循著這個意志開啟了。

時至今日，有時當我坐在鋼琴前，還會回想起那段剛開始練琴的日子。當時，老師會讓還是小小孩的我坐在她的腿上，握著我的手、按著琴鍵，那個時刻充滿幸福，過程不光是讓我不斷學習新知，還可以隱約感覺到自己靠著的地方，真的有夠軟的（被圍毆）。回首自己的人生，才突然發現我真是一個貫徹始終的人，對於美女的追求和追求美女的勇氣，都是從小就一路磨練的！

黑男邱比特教教我

Q：為什麼正妹和帥哥都只在偶像劇裡，沒出現在我生命裡？

A：走在路上時，記得張大眼睛多左右張望一下，你會覺得很驚訝，怎麼路上正妹和帥哥這麼多。

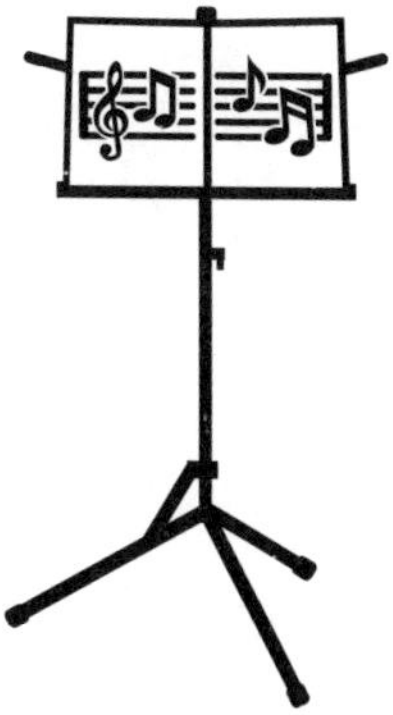

如何跨越背景的鴻溝？看水泥匠與女教師幸福滿滿

這個世界對於最完美的愛情搭配，有很多種說法和形容，最常看到的可以分成兩種類型：你要跟**和你很像的人交往，還是要和一個跟你完全不一樣的人在一起？**這個真是世界謎團耶！

♫ 互補還是相斥，結果因人而異

一個跟你很像的人會有類似的興趣、共同的話題，你們可以理解對方很多習慣，相同個性的人相處起來也更容易瞭解對方的想法。

但一個跟你完全不一樣的人，充滿新鮮刺激，讓你像是長了另一雙眼睛，看整個世界的方式都不太一樣了！共同生活時，也可以出現很多很棒的互補，當討厭洗碗的A配上熱愛洗碗的B，大概是天底下最美好的奇蹟。

該怎麼選？這兩種陣營都有支持者，和一——大——堆——幸福快樂的實際例子，就差等一個想不開的心理學家進行統計大戰了。每個故事聽來都超有道理、超感動人心，讓人怦然心動。

所以，只要一有人在Dcard或PTT上發文討論，或是有任何YouTuber膽敢拍影片探討這件事，你都能看到留言區像是掀起宗教戰爭一樣，各方陣營的人罵成一團，各種各樣奇形怪狀或超級完整的理論飛來飛去，人人都恨不得把自己的戀愛經歷搬出來，變成可供真人取材的經驗傳承。

我身為一個促成千千萬萬對寂寞心靈的「配對系YouTuber」，經常遇到網友問這個問題。甚至不只網友，有時連我配對過的朋友，都會很有禮貌地問一下我對這個問題的看法，然後直接差遣我幫他找靈魂伴侶（這就是一條龍的服務精神！）

但我的答案卻是最普通的：**看人、因人而異**。

請各位讀者冷靜一點，收起你們的菜刀和拳頭，也不要一邊把書丟出去，一邊說這是廢話。我的廢話通常都是接下來認真說故事的鋪陳。

我還記得第一次展現鋼琴技巧時，討論區的留言有多驚訝，尤其當一些熟悉我的觀眾，透露我的鋼琴等級的情報時，更多人震驚了，都覺得有點難想像我的形象可以跟彈鋼琴搭在一起。

大家這樣真的很不OK，不能夠因為我黑，就認為我不能當鋼琴王子！而且我彈鋼琴的表情多認真，留言區居然有人說我看起來變態，真不知道我的觀眾是愛我還是恨我。

關於我外表和內在的衝突，是不是讓大家覺得很有趣？但或許更有趣的，是把我塑造成這樣的家庭。

♫ 幸福是彼此習慣，對的人就對了

有好好看開頭的人應該知道，我媽媽是鋼琴老師。現在給大家五秒，猜猜我老爸的職業（編輯說，我不能用計時在這邊拖字數，所以要直接公佈答案了）。

其實，我爸是個水泥師傅喔！而且父親家族中，每個人都是在工地打滾的能手，只要我全家出動，蓋好一間房子不是問題。現在我家承包的很多工程，也是叔叔負責設計，爺爺負責牆面，爸爸在一旁灌漿，然後奶奶負責鋪地磚，完全走強悍、樂天的家族事業路線。

但從我媽媽對我的打扮，各位應該就看得出來，她的個性很嚴謹又帶有一點浪漫，喜歡很多事情都井井有條，對我的教養也比較嚴格，她希望能夠培養我成為一個會認真對待事情的孩子。請聽到這邊差點笑出來的人稍微克制一下，我真的是個做事很認真的人，不然怎麼可能幫各位一美、一帥配對配了兩三年！

通常，我分別講出我父母的職業時，沒有人會覺得怎樣，因為這兩個人的生涯中，都有一部分成為我的重要價值。但是只要我一起講，聽的人眼睛往往會瞪得很大，一臉不相信。

理由就像我之前曾經配對過的空姐與水泥師傅組合。那一集一播出就讓很多人感到驚訝，因為兩個背景相差這麼多的人居然會來電。旁觀的人之所以會有這種反應，多半是因為在許多人的印象中，一個人的生活背景似乎注定了他的興趣和擇偶偏好。

但其實在我看來，這一切都沒有這麼絕對。可能是因為從小看我父母的互動，他們是人人可以想像得到的、最普通的老夫老妻，日子平平淡淡地過，雖然各自有興趣的東西有點落差，也沒看他們吵過什麼架，很純粹只不過是在生活。

父母之間的互補，讓我在尋找另一半時充滿想像。但或許計畫總是跟不上變化，我和女友似乎不像我父母走的互補路線，我們兩個處理交往中的大小事時，比較傾向採取相互理解、相知相惜的模式。

我和女友從一開始都對音樂很感興趣，後來在處理彼此關係、應對各種議題時，慢慢相互理解，我們因為認知相近而免去很多磨擦的麻煩。

感情這種事，說真的本不該有誰對誰錯，所以凡事都不要講得太死，萬一一下子就被打臉，真的會很尷尬。各位不妨試想跟正妹尬聊的情景，現實就已經夠乾了，我們在判斷感情時，還是留一點點餘地吧。

在路上幫人做隨機配對的時候，我總是可以找到許多有趣的組合，因為對於任何對象都有一顆不偈限的心。我相信就算兩個人真的很不一樣，只要能互相配合，心動的感覺就會悄悄地溜過來，當真的愛上時就什麼都擋不住了。

背景或許可以決定你的習慣，但真正的幸福是兩個人習慣在一起後才會達成。

黑男邱比特教教我

Q：狼跟羊，三觀不同也可以談戀愛嗎？

A：要相信緣分，在相遇的那一刻注定是頭被打到，感覺對了總會找到彼此的默契，形成戀愛的契機。

（編曰：還懷疑？罰你去看三遍《翡翠森林狼與羊！》）

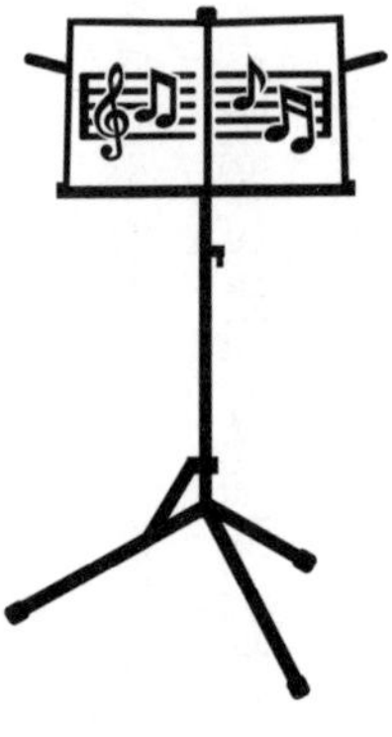

默契君A—Z兩人是否合適？在轉身的瞬間就很明顯

曾經有觀眾在看了我的影片後告訴我，因為被我的節目影響，走在路上時，都會忍不住在心裡幫路人隨機配對。但配著配著，心裡忍不住就浮現了一個大哉問：

到底怎樣的兩人才有發展空間？

哇！這個問題還真是問倒我了耶！有沒有發展空間還得先問兩個人速不速配、來不來電，這要怎麼未卜先知——好難啊！這本書才一開始，黑男就要自爆了！

嗯，老實講，這真是個很高難度的問題。

♫「喜歡」的感覺很個人取向，沒有正解

根據我在路上街訪的經驗，人的外表和會喜歡的對象絕對沒有直接相關，我曾經遇過：長得很乖的女生其實喜歡身上有刺青、長得像8＋9（註：鄉民用語，八家將的諧音）的男生；長得超級精緻漂亮的姑娘不但喜歡宅男，還指定要有一點點小肚子。

品味這件事是不是很奇妙？說真格的，來電是很微妙的感覺，很難隨隨便便就講得清楚（不是我偷懶不作答，而是不到最後一刻，很難預料到底會不會成功），其實，每次我在路上抓人拍片，心裡都是皮皮剉，到底這次結果會不會令人滿意？或是會被打槍？

當然，一對男女是不是會在一起，很看緣分，但我以黑男的專業品質起誓，我在街頭幫人配對，絕對不是隨便拉來兩個人就拍攝，還是會尋找一種相配的Fu。

相信各位一定都記憶猶新吧？前面提到我的父母，一個鋼琴老師和一個水泥師

傅怎麼會結婚，還蹦出了一個黑男，禍害人間？

答案是因為他們真的很合拍。在相遇的那一刻，可能是注定或是頭被打到，總之，他們找到了彼此間的默契，而這種默契形成戀愛的契機。

通常，我會在路上尋找有相似氣質的人（有些習慣是會在小地方顯露的），例如，雖然衣著風格不同，但都選擇了同一個牌子的球鞋搭配；或是男生在乾淨清爽之外，身上有淡淡古龍水味道，像這種會打理外表的男生，或許就比較願意和愛打扮的女生接觸。

舉個例子：在水泥師傅配空姐的那一集，為了替那位很害羞又超級高大的一九〇帥哥，找個合適對象，我在東區逛了整整兩個小時，才終於在最後一刻，找到一位願意配對的小姐。各位猜猜，我找了兩個小時，充滿絕望之後，為什麼最後選了那位小姐？

除了她長得超高有一七四公分之外，更重要的是她渾身散發出一股好相處的氣質。大家有沒有發現那位水泥師傅真的很害羞，感覺對自己很沒自信。其實，他長得高又帥，而且有穩定工作，脾氣也很好，這種男人很棒耶！我分析優劣，判斷這位帥哥來說，最有發展空間的關鍵，不是背景或職業，最重要的條件還是主動和友善。

所以我找的這位小姐，她的打扮比較輕鬆，理由是我考慮到男主角是剛結束工作，沒特別打扮，對他來說帶一個全身打扮得超級精緻的人來見他，可能會壓力太大。再來，當她在跟我應對的時候，除了一點點驚訝外，對我完全沒有表現出敵意。

這其實比想像中難得，很多女生在路上被突然搭話，都會因為嚇到而有點防備，就算有不少人已經認出我是黑男，我還是很常被人一臉驚恐地瞪著（好吧，我承認問題是出在我的臉）。這一點很正常，女孩子從小都被教過，在路上跟陌生人說話要小心謹慎。

但這位女孩在被我搭話的時候，一直是一臉輕鬆的樣子，這個特質很明顯，讓我知道她在面對各種情況時，都能用很有彈性的方式去應對，也很樂於主動和別人建立連結。我一看，哇——簡直太適合那位超害羞的帥哥了，果然有緣分你怎麼攔都攔不住。

至於最後的配對結果，大家可以直接去看黑男的影片，我在這邊就留一點點算是彩蛋，直接講光了就不好玩啦！

速配卻不來電？默契很重要

我想告訴大家的觀念是，兩個人之間來不來電是靠緣分，但我們可以稍微猜猜看他們到底搭不搭？能不能產生一些默契？這裡說的默契不是指配對的兩人一定會對我找來的對象有興趣，而是他們互動的方式能不能彼此配合？尤其在現實的配對節目裡，這個部分一沒處理好就會直接完蛋，樑子就結下了！這樣，一件原本好玩的事就不好玩了。

在我拍搭訕與配對影片這麼久以來，一對男女有沒有感覺，在兩個人轉身的瞬間就很明顯了。當氣氛明顯一看就知道沒戲唱時，要趕快讓雙方在和平的狀況分開，後續再看看要怎麼把節目繼續。

很多人可能覺得上面說的這種情況好像會很尷尬，因為氣氛會乾到不行，似乎會需要我很辛苦地尬聊、炒熱氣氛，但其實我真正遇到這種情況時，反而不會覺得太困擾，因為在這種情況下，雙方有一個最重要的共識，就是對彼此都沒有興趣。當雙方都有相同的默契時，其實情況真的比較好處理，如果彼此互動的方式能對得上，那一切都還能解決。

畢竟，愛情要來哪有這麼容易！平常積極要談戀愛，都不一定找得到對象了。在路上抓素人來做節目，就要有心裡準備，不但失敗機率很高，而且事情往往不會照你預想的方向走。所以只要有共識，我們都知道要怎麼繼續進行。

真正會出問題的，是當雙方的預期、想法，尤其是處理事情的態度，完全不一樣的時候，缺乏同理的可怕不平衡狀態，就跑出來了。

可能男生很積極想要認識，但女方一點興趣都沒有。常常男生提問題，女生客氣地回答，但通常都是很簡單的幾句沒有想延續話題的意思。

這樣就一定會變成一方追著問，但另一邊愛理不理。假如兩個人在一起，一個個性很畏縮、另一個卻很急，那麼完蛋了！這種落差最後會讓人火氣都上來了，很容易演變成不歡而散。

這是夾在中間作為媒介的我們，最不希望看到的事。所以，到底怎麼看出兩人有發展空間，除了臉、背景之外，要多多看對方傳達出來的個性。各位要知道，外在契合只有轉頭的瞬間可以開心一下，如果內在完全對不上，你要準備好面對接下來的火山爆發。

黑男邱比特教教我

Q：我的男朋友（女朋友）條件太高，人人都說我不配，怎麼辦？

A：既然是喜歡的對象，為什麼需要考慮那麼多？直接放閃，有意見的人都忙著去戴墨鏡就夠了！

（編曰：關愛單身犬，每天都要餵狗糧。）

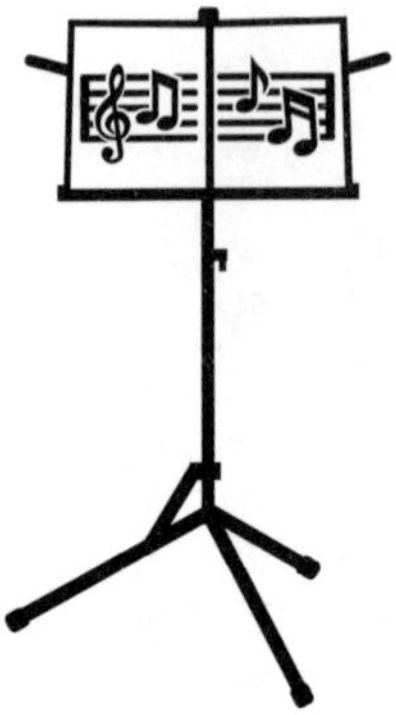

熱戀消退後，怎樣能依然有穩定發展的話題？

大家不妨想想，當你準備追人時，最常用什麼理由讓自己打退堂鼓？假如，現在我帶一個條件很好的正妹或帥哥到你眼前，人家說外表有外表，說經濟也不差，個性也很好，面對這樣的機會，你有沒有衝一發的勇氣？依照我的經驗來說，敢為自己的幸福拚一次的人真的不多。

大部分的人可能會說：「人家條件這麼好，我配不上」，或是「我們感覺太不一樣，就算交往可能也撐不久」，然後眼睜睜看著機會溜走，最後再埋怨世界的不公平。但真正讓你錯過這些好機會，其實不是你的條件，而是你沒辦法勇敢地踏出那一步。

♫配不配這件事，只跟兩個人有關

關於兩個人相不相配，說實在的，鍵盤鄉民能夠挑出來的問題，總是多如牛毛，像是年紀、兩人的工作和收入、興趣、家庭背景之類，有的沒的，若是加上外表，那就更麻煩了。兩個人身高配不配、身材怎麼樣、皮膚黑不黑、穿衣服的風格和顏色，有時候遇到那種比較誇張的人，連兩個人的牙齒黃不黃，都能拿出來說三道四一番。

你看看，要完完全全相配根本是不可能的任務。可是，當我們看到一對幸福美滿的情侶時，真的會去注意到那麼多嗎？其實大家都忙著戴墨鏡免得太閃而直接瞎掉，又怎麼會有時間去挑那麼多毛病！

既然如此，當我們面對喜歡的對象時，又為什麼需要考慮這麼多東西？談戀愛是兩個人的事情，這一點我有很深的體會。各位應該都曉得我和Lucy交往的事。我們一開始也是在拍片時認識，後來隨著每一次聊天，慢慢發現有很多共同的興趣與話題。那段時間，她偶爾也會來找我拍片，我們開始有一些工作上的合作，我發現自己很欣賞這個漂亮又有才華的女孩。

但客觀來看，我們彼此的條件好像真的不太相配。尤其是年紀，這個十二歲的距離，在多數情況下會讓一般人覺得可怕。我們一開始的生活圈十分不一樣，她還在校園享受學生生活，沒有步入社會的壓力，而我正在努力全職拍片，每天幾乎都在街上扛著攝影機到處跑，或守在電腦前瘋狂地剪片，幾乎沒有更多彈性的時間可以陪伴她。

又或是像有些人會笑說，Lucy是超級女神等級，跟我一個黑一個白，站在一起都差點看不到我，這些針對外貌上的調侃，我也已經很習慣了。倒不如說我也真的很愛聽，因為女友是個女神這一點，我比所有人都認同；說我們是美女與野獸，我也覺得很愉快。

當我和Lucy正式公開交往後，這樣的酸言酸語不時也會出現，有許多酸民在留言區質疑我們的感情；有些人說我們的感情不會長久；有些人說，我只是在欺騙年輕的小女生。更有些人說Lucy只是想紅、想蹭熱度。

各種難聽的話我們都看過也聽過了，說完全不會受到影響當然是假的。尤其Lucy只是個二十多歲的年輕女生，她看到這種網路上的酸言酸語，心裡自然也不好過，畢竟那些難聽的留言，光是文字就讓人非常不舒服。

但直到現在我們的交往超過一年了，在一週年的時候，還去拍了很美的沙龍照，相信大家都讚嘆過Lucy穿婚紗怎麼能夠這麼的女神，面對這些眼光一年多，我們還是認真地過著我們的日子，也因為能夠跟對方交往而感到十分的幸福。

♫ 幸福是你和他，剩下的都是局外人

從我自己的經驗來說，不管外人說些什麼，真正重要的還是兩個人的相處方式：個性能不能磨合，有沒有辦法共同生活，吵架的時候，有沒有辦法各退一步理性地和好。

至於外貌或年紀是否相配，真的不是最重要的事情，只有在一開始你決定要不要跟這個人交往，才需要想到。當雙方都交往好幾個月、甚至好幾年，你們自然就會有夫妻臉啦！怎麼還會擔心外在不相配？

從前面我分享的小故事，各位是不是發現就算背景差很大，只要兩人有著開放、輕鬆的心情，都還是有機會在配對上遇到好結果。譬如我的爸媽，即使從職業和興趣來看真的沒有半點相似，但這麼多年過去了，他們的婚姻生活還是可以很幸福、順利，然後還默默製造出一個小黑男。

因此，當你有機會談一場很棒的戀愛時，一開始最重要的絕對不是別人在看到你們的瞬間，腦子裡會產生什麼想法。其實大多數人都沒那個膽子，當著你們的面KY，所以放輕鬆一點，他們影響不到你。

記住多放一些心思在如何找到雙方的平衡點，讓彼此可以在熱戀期消退之後，依然能夠有共通話題讓兩人穩定發展。以及培養在忙碌的生活中，如何讓找到一些小情趣和小浪漫，讓這個人除了是你談戀愛的對象外，還能成為你生活的好夥伴。

這些東西看起來很玄、很雞湯，卻是比物質上的東西更影響兩個人的感情喔！所以，當你面對到一個好對象，你還要因為條件差異而選擇退縮嗎？當然不行！心動的感覺可不會等你。

黑男邱比特教教我

Q：滿世界都是「顏狗」，讓我們對「看臉的世界」絕望，怎麼辦？

A：外在契合只有轉頭看到對方的那瞬間，可以開心一下，如果內在完全對不上，你要準備好面對接下來的火山爆炸。

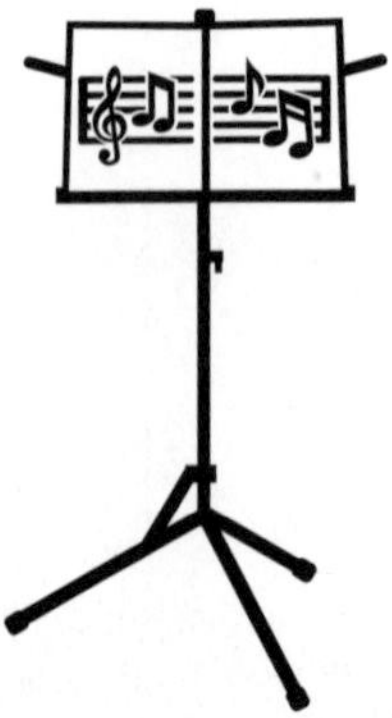

心動筆記

Chapter 2

脫單就從聊天開始，鼓起勇氣破冰告白

男生穿搭簡約就是乾乾淨淨，出師告捷絕非難事

我人生中第一次正式的搭訕發生在二十三歲，地點是充滿男生的健身房槓鈴區。她穿著純白色兩截式的運動衣，身材高䠷又化著妝，實在太吸引人了。

我在腦海裡跑了好幾種跟她搭話的方式，但都顯得很刻意。就在我考慮的同時，上天給了我一個機會，她在綜合訓練機前遇到了問題。

「妳要練哪裡？」我假裝很冷靜地問。

「要練二頭肌。」她看著配件有點茫然。

「那我幫妳裝。」

「謝謝。」她給了我一個很美的微笑。我順利和她建立了一次的接觸。

後來，我們慢慢發展成會一起運動的朋友，也一起出去過幾次。雖然最後她沒有給我一段愛情，但她給了我一項重要的禮物，她告訴我：「我之所以回應你拋出的話，是因為你比其他人自然多了。」

搭訕，最重要的一個原則就是自然。

看過我影片的人都知道，我比較常先找到某個女生，問她的條件是什麼。所以，當我說要教怎麼跟陌生人搭訕的時候，很多人會追問我各種女生喜歡的條件。其實，這種文章在網路上真的很多，但有時候我總覺得它們對於搭訕需要的第一印象，好像還是講得不夠，或是講得太複雜。

所以，接下來我會解析，這幾年在拍攝搭訕影片中聽到的各種條件，以及在互動過程中發現會吸引女生的一些特質。

♫ 人是視覺動物，第一印象看外表

讓我用最簡單的方式講給各位男士聽聽，條件可以簡單地分成兩個部分，一個人的外在與內在——什麼！你問為什麼沒有先講女生要具備的條件？嗯哼，女生最需要的其實是「單純」兩個字啦。

我聽過不少男生對女生外表提過的各種意見，通常都包含個人的偏好，像是喜歡長髮、喜歡短髮、喜歡高一點的、喜歡矮一點的等等，喜歡的條件沒有絕對，但是一般男生總是希望女生單純一點，衣服簡簡單單、妝容簡簡單單，帶著笑容，然後長得有一點可愛，這樣就夠了。

沒錯，就是這麼不公平！男性朋友們，讓我們多多觀察女孩子提出的條件，到底真的需要些什麼吧！

首先讓我從外表說起。女生對外表的要求很簡單，基本上分成兩種類型：一是乾淨、壞壞的；二是乾淨、可愛的。這兩種類型其實有一個共通點，就是身材不能太差。

世界上喜歡肉肉身材的人畢竟是少數，雖然你不需要有六塊肌，不一定要身高多傲人，但真的不能讓自己太超重。稍微練一下身體、節制飲食，大概一週運動兩次就夠了，這一點我們比女生幸運，男生的身體比較容易練出肌肉。所以，努力讓自己維持在穿衣服至少不難看的身材，就足夠了。

處理好身材後，接下來的問題在於：什麼是乾淨？

很多人把「乾淨」跟「很會穿衣服」劃上等號，而很會穿衣服的定義又等同於很會穿搭，或是一身名牌，讓不具備以上修件的男性開始自暴自棄。但其實名牌真的沒有那麼重要。對女生來說，**乾淨的基本是不髒而且簡約的穿搭。**

不髒很簡單。頭髮、皮膚看起來不油膩，不要有很誇張的痘痘或粉刺，身上沒有汗味，指甲剪整齊。髮型不用多特別，最多人喜歡的是梳油頭和普通短髮，最近多了平頭，另外若是可愛型的男生，就會有人指定妹妹頭。

至於什麼是簡約的穿搭，你可以參考一下Uniqlo的風格。沒有太多太亂的花紋，簡單的素色或條紋都可以，一件修身且不太緊的襯衫、T恤，配上牛仔褲或西裝褲，就已經很OK，要走運動風也沒有問題，這樣就已經比大部分人都強了。女生真的不需要多會穿搭的男生，這種類型反而會讓一般女生有點怕怕。

那什麼是壞壞型，什麼又是可愛風呢？可愛風比較容易解釋，他可能是個氣質比較溫柔、隨和的男孩，加上一雙大大的眼睛、留著妹妹頭瀏海，讓人看起來就很親切、好相處。

至於什麼是壞壞型，這個多人都會誤會。此「壞」非彼「壞」，絕對不是要你當時間管理大師去劈腿，或是真的做壞事，而是強調一種態度：你可能是外表比較有個性，看起來比較敢表達自己的意見，喜歡穿黑白配色或全黑、梳著油頭這種類型的男生。

以上是女生喜歡的兩種類型。女生對外表的要求看起來很複雜，其實只要掌握她的偏好與基本的原則，就不會出太大的問題。

♫ 內在有料，曖昧要清楚明白才對味

當女生談到內在條件時，你大概可以聽到以下幾個重點：**有目標、有品味、幽默。**

有目標聽起來很籠統，其實重點在你有沒有一個好職業，即使沒有多好的職業，也要有一個短期和長期的目標。例如你現在還是學生，沒有經濟能力，但因為你的目標是在外商工作，正積極地練英文和在外商實習，這就可以算很明確的目標。又或是你已經出社會了，目標是要成為團隊的組長，所以，目前也持續進修或練習各種專業技能，準備轉職。重點在要搞清楚自己對未來的規劃，這才是有目標。

其次是有品味，這就比較難猜了。這多半得看女生覺得什麼是「品味」，但這種東西其實也是興趣的一種。換言之，**如果把你的某項興趣研究到專精，便能夠形成一種品味。**譬如，一個吃貨很認真研究哪裡有好餐廳、好的甜點店，可以說是對

吃這件事很有品味。

如果一個愛喝酒的人對哪家酒吧的酒好喝、藏酒很多如數家珍，也可以算是對酒很有品味。再譬如線上遊戲，如果你很懂怎麼玩或涉獵的遊戲攻略恨多，當然會表現得有玩家的品味。所以，**品味就等於要確定自己的興趣，並好好培養相關的知識。**

最後是最重要的，在彼此不熟悉的情況下，幽默真的很重要。每個人都不想和太嚴肅的人相處，能適當有一些幽默感真的非常加分。你不必去背很多笑話，而是要學會怎麼用輕鬆的方式看待一些事情，這樣會讓雙方的互動更加輕鬆。當女生笑出來的瞬間，你就成功一半了。

除了上面所說的這幾點，我覺得最重要的一個關鍵，還是你要搞清楚自己喜歡什麼樣的女生，而這種類型的女生通常又偏好怎樣的男生。行動前，先確認情況，才能夠在搭訕時拿出最好的條件，得到心動的感覺。

此外，不要腦補得太誇張或開出超標的條件，除非你也超優，否則通常不是遇不到好對象，就是人家看不上。

𝄢 黑男邱比特教教我

Q：要怎麼搭訕到最完美的對象？

A：除非你也超優，不要腦補得太誇張或開出超標的條件，會永遠找不到對象。

學會聊天技巧，懂得開場、深聊……更要展現善意

說到搭訕的技巧，先講一個最簡單、我最常用的開場ＳＯＰ：眼神交會、點頭，再揮手。這個流程不能變也不能Delay，要一步到位。我不敢說每次都會成功，但通常會有不錯的效果。

有一次，我去參加中國上海的ChinaJoy電玩展（在那邊不會有人認出我是黑男），現場有很多showgirl來來去去，我看中了一位，照例施展我的開場ＳＯＰ。

對方見我對她點頭微笑，也跟著微笑起來，說：「欸？你怎麼來了？」

原來，她把我錯認成朋友了。

我順口回說：「對啊，我來找妳吃飯。」

到了這個時候，她才終於發現原來我們兩個素昧平生，但彼此的距離已經拉近，自然就好搭話了。

我的工作性質講究真實的實境影片，這幾年，我幾乎都在街頭搭訕路人，不管是配對、街訪或是做社會實驗，都必須持續與陌生人進行互動、交流，因此我練就了一套自己的搭訕技巧，就算跟別人尬聊，也能勇敢地撐下去！

第一步：靠開場白得點

我相信讀者買這本書的主要原因之一，是想看到我怎麼教導大家施展各種搭訕技巧，以下，我分成幾個步驟向大家介紹，或許你看了會覺得這很基本，懷疑有這麼簡單嗎？但請相信我，當你熟練這些技巧之後，想跟路上的陌生人搭話，就不再是困難的事。

起手第一式，讓我們先從開場白來聊起。

▼直球對決型的開場：

適用群：這是我拍攝各種搭訕或配對影片時常用的方法，主要適合於想要快速進入狀況，有足夠的心理承受能力，可以接受自己被對方拒絕而不會心碎的人。

加分點：成功率很高。我通常是走到對方面前直接一句：「你是單身嗎？」當對方接話時，就順勢聊下去。

扣分點：用這樣的方法開場，雖然效率高但容易嚇到人。關於這一點，大家看我的影片中，總是有一堆人匆匆忙忙、滿臉驚恐地從我面前跑掉，就知道這種開場方式的風險有多大。

▼委婉切入的開場：

適用群：這種方式在我以前教大家搭訕的候較常出現，可以分成用冷笑話搞笑開場，或是針對女孩子的特徵開場。

加分點：前者只要順利逗女孩子笑出來，就成功了一半，後者則比較容易聊起來。

扣分點：如果失敗，整個氣氛會變得超級尷尬。另外，要小心不要讓自己的目的表現得太明顯，否則對方很容易立刻開始堤防你。

例如：我會走到一個正妹面前問：「小姐，妳是東美嗎？」在對方面露疑惑時，立刻說：「東區第一美啊！」這時候很多人通常會噗哧一聲笑出來。雖然我的笑話超級爛，但這樣的開頭能讓女孩子放鬆，更順利進入下一步的談話互動。

或是我觀察到一個女孩子穿著很經典的鞋款，可能會問：「這個牌子的鞋好穿嗎？我也想買一雙。」通常台灣人真的很友善，即使有點驚訝，也會好好回答你的問題。

開場白得點後，如果剛好碰對了心儀對象的興趣，那幾乎不用什麼技巧，就可以走向下一步：**持續深聊**。

♫ 第二步：藉由聊天讓節奏加分

開場後，絕對不要沉默也不要放鬆，要持續丟出各種速答題。什麼是速答題？就是可以像搶答一樣快速回答的問題。不要給對方太多拒絕話題的空隙，要持續緊密地追問下去。用這樣的方式，很難有人聊不起來。

但絕對不要問太私密的問題，因為多數人都會覺得你在性騷擾。例如，對台灣人來說，美食是個很不錯的話題，像是：

「你愛吃什麼？」

「抹茶。」

「抹茶的什麼？」

「抹茶冰淇淋或蛋糕。」

「真的喔，你吃過抹茶銅鑼燒嗎？」

這樣的問答方法，可以快速地讓雙方進入聊天的節奏，並且可以適時地加入自己的看法。

另外，在回答對方時，還有一個重點，就是絕對要給予對方很多的鼓勵和讚美，因為人都是喜歡被肯定。此外，真誠才是讚美最需要的。所以，你不要覺得害羞，若你害羞了，會顯得你的反應很假。例如：我常詢問對方，衣服在哪裡買？這樣就可以加入「對方品味很好」的稱讚，也可以讓談話更愉快。

♫ 第三步：不帶企圖的目的，拿下機會

在各種閒聊之後，接下來的重點也就是最重要的一步，自然是讓對方知道你想認識她，因為錯過之後，還可以像漫畫劇情一樣奇蹟似的再相遇，都是假的。如果你們還能遇見就是上天的旨意，好好把握這個奇蹟，否則你只會成為一個美好的五分鐘回憶，從此掰掰！

但透露想認識的方法要慎重再慎重，否則前面創造的好氣氛會瞬間被破壞到底。

通常，我會接著問，對於最近的節日與假日，她有沒有任何規劃？這一點，不論任何開場方式都很適用。畢竟，就一個男生而言，如果可以和聊得開心的對象或是單身正妹過節，都是最正常的邀請。

而且，人在特定節日的時候，會最想要身邊有個人一起度過，如果對方剛好有不想落單的心理，這一點無疑是你最好的機會。

但同樣地，很多人在這個過程中會覺得害羞或是不自在，畢竟你們再怎麼聊也是陌生人，沒辦法完全得到對方的信任。女孩子一定會有壓力，猶豫若答應男生的邀約，是否代表一定是有好感。

這種時候，必須快狠準地讓她從這樣的重擔中解放，不然她猶豫越久，只會越想越害怕。所以，我通常會立刻補一句：「不要有壓力，當作認識個朋友！」

任何人都樂意交多一些朋友，多一個認識的人不會有什麼天大的損失，所以儘量適當地把雙方的位置放在朋友的階段。通常只要女生願意讓我講出這句話，我就有百分之七十的把握！

在台灣，搭訕需要許多的勇氣與經驗，要經歷很多次的失敗，才換到一次成功。我自己搭訕的經驗這麼多，覺得最重要的是要相信自己與別人談話是自然的。你不要滿腦子想著自己的最終目的，因為女生非常敏感，如果你懷著不單純的思想靠近，通常都會直接觸發她們的雷達，導致互動失敗。

以前，我還在練習的階段，就常和各種陌生人聊天（舉雙手保證，我不只有跟正妹聊），所以才能一直用自然的心情去面對所有人。

每個要嘗試搭訕的人都要把這一點謹記於心：**你不是懷有目的去接近對方，而是真心想認識一個朋友，當你散發出善意，別人才會回饋正面的反應。**

黑男邱比特教教我

Q：要注意哪些事情，才不會嚇跑有好感的目標？

A：別懷有目地，當你散發出善意，真心想認識一個朋友，對方才會回饋給你好的反應。

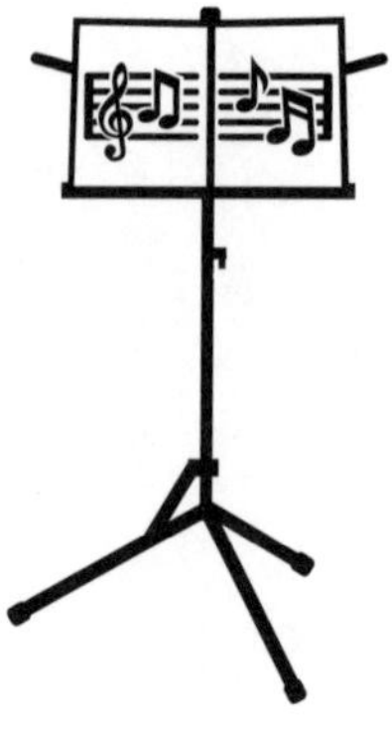

想成功約到心儀對象，最重要的是不怕失敗

有一次，我在東區看到一個女生，就算戴著口罩我也看得出她是美女，而且身材很好，邁著勻稱的長腿走得很快。

我看是個機會，趕忙追上去。但還沒開口，她突然轉身對我大聲喝斥：

「你給我滾！」

我趕忙停了下來，說聲：「不好意思！」然後看著她氣沖沖地走了。

另外有一次，我在信義區遇見一個穿得很洋派、很性感的女生。我原本想說一句幹話：「小姐，妳喜歡吃蛋嗎？」在我腦子裡的設想是當她回答「喜歡」後，我就能順利接：「我是個笨蛋，妳要吃嗎？」

但聽到我的問題，她只冷冷地丟下一句：「你是不是有病？」

這兩個故事都是搭訕時很容易遇到的情況，被拒絕的當下肯定會有點受傷，在這種時候該怎麼調整自己的心態？

搭訕這回事，最近開始變得有點夯。原本，網路平台上大概只有我專門在做男女速配影片頻道，但漸漸地有其他YouTuber，甚至一些網友，也開始嘗試路上搭訕。我甚至看過有人專門開班授課。

眼看人人開始嘗試這種刺激的人生大挑戰，心裡不禁覺得有一點點激動，但在激動之外，更多的是一點點小擔心。

先拍胸脯保證，我不是擔心大家都出來拍街訪，會讓自己沒飯碗，我好歹號稱「街頭邱比特」，沒那麼容易就餓死的（但還是請大家多多觀看我的影片，我會努力製作高品質的內容，讓大家看得安心又開心）。我心裡真正擔心的是，搭訕這件事會帶來怎麼樣的社會影響？

♫ 搭訕有成有敗，先把握三個原則

哇！社會影響這個詞，聽起來真的很至高無上是吧？我知道，很多人都不習慣黑男嘴裡突然冒出這麼嚴肅的詞彙，現在一定很多人在笑我假掰。但這是真的喔，我在拍攝影片時，最重視的是跟拍者的心情會不會受到影響？尤其是女孩子。

應該很多人都在我的影片裡看過這樣的畫面，我在路上開口對女生說話，她們就會立刻露出驚恐的表情，對我瘋狂搖手，常常搖得我心裡一痛，想說難道長得黑，就注定被當成壞人嗎？

但其實這是非常正常的反應。對女性朋友來說，在路上被搭訕，有時真的是一件可怕的事。她不知道眼前這個人對她有什麼企圖？是好人還是壞人？或是到底注意她多久？女孩子平常保護自己時，這些想法會一直不斷在腦中打轉。所以，突然開口搭訕會造成驚嚇當然很尋常，被拒絕更是理所當然。

各位聽到這邊，可能會很氣餒，覺得自己的破兵之路就這樣斷成兩半，沒有機會像影片一樣，在路上遇到終身幸福。現實無奈，那不然從此在路上看到可愛女生，都要縮成一團，避免被當成變態嗎？

當然不是這樣啊！就像我一直掛在嘴邊的口號，幸福要自己把握，很多時候，我們只是缺乏一點衝衝衝的勇氣，才導致後續的遺憾。因此我要告訴大家，如何用比較正確的心態去和想認識的人交流。

首先，我要先給所有人打一支預防針，**搭訕絕對沒有必勝法**。沒錯，我就是這樣殘酷的男人，在給大家希望後，直接告訴你們殘忍的事實！

但這件事是千真萬確的。路上的女生百百種，每個人喜歡的方式都不一樣，要把女孩子當成一個活生生的人看待，她們不是機器人，你輸入密碼就會動，因此，不可能有一種方法通用在所有正妹身上。

認知到這一點之後，你才會更花心思觀察你想搭訕的女孩，找出適合切入的點，比如她身上的配件或打扮，這樣才有機會延續你們兩人之間的話題，以及可能的發展空間。

第二件事：搭訕很難，而且老實說我覺得這個命題本身有點違反人性。但有個要訣就在於**不要期待快速發展**。

各位通常什麼時候會去搭訕？很簡單，看到超級大正妹，或是感應到眼前這個女孩，大概就是我人生中的摯愛。對台灣男生來說，通常遇到後者時才有鼓起勇氣衝一波的動力。

我們不妨交換身體想像一下：妳是一個開開心心路上閒晃的正妹，突然有個男生一個箭步擋在妳面前，開口就說：「妳是我見過最漂亮的女孩，妳願不願意當我的女朋友？」老實說，十有八九都會被嚇壞吧！也不要說「人帥真好，人醜性騷擾」，遇到這種事的女孩通常都沒有時間考慮對方帥不帥，就算對方真的帥到閃閃發亮，她們第一時間會想到的也只會是這個人肯定要把我騙去賣掉！

所以，在行動前，以交朋友的輕鬆的心境去認識對方，就顯得非常重要。要知道，攀談的時候，具有太強烈目的性的意圖很容易被看穿，通常會直接嚇到對方，也很容易讓你看起來非常……（我就不委婉地說了）變態。

另外，最好以一個當朋友的心態進行對話，不會讓自己的得失心太重。在後續跟對方聊天的過程裡，這一點非常重要，自然地交朋友，才會呈現出你最好、最不做作的一面。最後一點，延續上一點的得失心，是我認為所有關係中都需要擺在第一位的：**尊重對方拒絕的權力。**

當你試著向路邊的一個女孩示好時，她可能立刻擺出非常防備的姿態，並迅速拒絕你的邀請。這時候，你絕對不可以死纏爛打，也沒有任何秘技能立刻扭轉這種情況。

我後續要教你們的各種說話方式，都是建立在對方「願意」和你對話的前提下，如果對方根本不想和你說話，你用再多的說話技巧，都只是騷擾而已。

♫ 先找到對的人，心態也要擺正

當對方說「不用」的時候，就放棄。台灣還是有很多正妹，你的世界不會只有一個在路上遇到的真愛，人生路還很長，多撞一撞，總是能撞到真命天女的。

不知道大家有沒有看過我最早開始拍的街頭配對影片？當時，還是我親自出馬，釣出了不少路邊的正妹，結果自然也是有成功有失敗。

那時很多人問我，怎麼有勇氣跟那麼多女生鬼扯淡？其實就算沒有拍片，我也很喜歡跟路邊的人聊天，不管對方是男是女，只要我覺得這個人很有趣，有值得認識的地方，我就會開口。

我的原則是就算最後被對方拒絕，頂多也只是尷尬一下，但如果聊得很愉快，那就多了一位新的朋友，怎麼想都很划算。

所以，我覺得初次想和陌生對象互動的同學們要記得，**一個最值得告白的對象，不一定是世界級的正妹，很多時候那些能夠讓你充滿興趣、想要當朋友的人，才更值得你鼓起勇氣試試看。**

先把心態擺正，你會發現這整個世界顯得好開闊，充滿了很溫暖的好人喔！

黑男邱比特教教我

Q：搭訕失敗被拒絕了，要繼續使出纏功嗎？

A：對方說「不用」，就放棄。台灣還是有很多天菜正妹，人生路還很長，多撞一撞，總是能撞到真命天女。

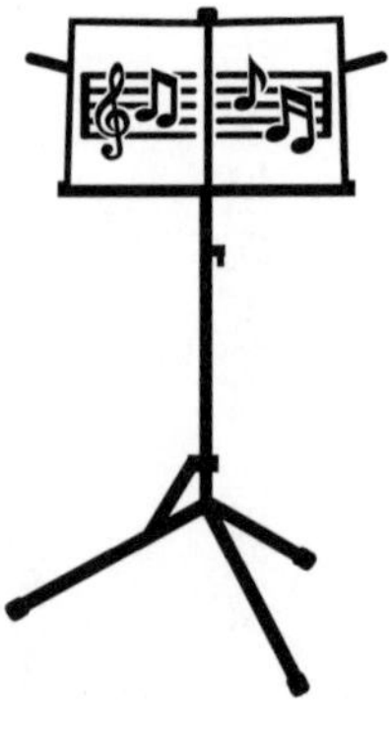

怎樣避開網路交友的陷阱？用視訊觀察對方說話

有次在一〇一遇到一個朋友，她是個長髮大眼的混血女孩，非常漂亮。很巧的是當天跟著她出門的男生朋友，也是我配對過的人，只是當時不是配對給這個女生。我就很好奇這兩人怎麼會湊在一起？

「我們是交友軟體認識的。」他們的回答也很乾脆。原本我心想身邊又有人用交友軟體交到朋友（甚至女友），真不錯。但仔細一問，才發現女生已經認識了ABCDEF，可以串成好幾個英文單字的男生了，但都沒有結果。

原來，女生和她的男伴都愛玩，並不是真心想定下來，所以不管認識了幾個，都沒有辦法穩定交往。

這就是一個反例。網路上確實有不少愛玩的人，也不一定能保證你能找到穩定交往的對象。但確實有些交往順利甚至結婚的情侶，也是透過交友軟體認識的。這時候，真的感慨交友軟體真的是讓人又愛又恨。

不知道該說現代人是幸運還是不幸？跨出自己交友圈的方式，實在有夠多，常常手機一滑就有好幾個、甚至幾十個交友APP，任你挑選。但是，在隔著螢幕、看不到真人的情況下，各種「照騙」或假造的個人資訊，也多到難以想像。

如果僅僅只是不像本人，那還只是小事，最可怕的是遇到不懷好意的對象，不僅騙錢騙砲，還騙你的私密照威脅人。

♫ 避雷第一卡：清楚遊戲規則，雷咖閃避技

許多人相信自己不會遇到「照騙」這麼倒楣的事，反而因為不認識，產生一種莫名的安全感，以為螢幕上的人對自己毫無威脅，結果更缺乏保護自己的觀念，什麼都敢講，也什麼都敢傳。

或是有另外一種極端者，對於網路交友超級害怕，一下子就像要把你的家庭背景、職業學歷，全部都問得清清楚楚，搞得你玩一玩都有點害怕，這個人到底是很有交友的誠意，還是其實他自己才是詐騙集團？其實，這兩種心態在交友軟體上都很NG。

前者實在太危險，假如各位是這種人，我真的很擔心你太容易就被騙走；後者則是壓力太大，不如放棄用這種方式交朋友。那要用什麼方式才能夠縱橫交友軟體呢？請大家繼續看下去吧！

提到交友軟體，大家第一個問題通常都是：「是不是參加的人都是玩咖？」

「是不是每個參加的人都只想約砲？」

這個問題跟你問我是否帥哥都比較花心一樣，是個世紀難題。我只能說，什麼樣的參加者都有，但確實比現實生活中更容易遇到只想約砲的人。

帥哥之所以容易花心，是因為他具備容易花心的條件，這點放諸在交友軟體上，是一樣的道理。因為彼此的生活隔著一段距離，大家都比較容易坦承一些在內心深處、平日不會直接告訴別人的慾望。又因為要躲起來很容易，為完全不想在感情上負責任的人，創造出最完美的交友條件。

但在這樣的環境裡，你要說參加者都是爛人嗎？那當然不是。我身邊就有不少人，是透過交友軟體找到另一半的，因為它確實為許多人創造了不少機會。你可以想像，那是一個大型CP競技場，把路上原本只會擦身而過的正妹、帥哥全都抓到你面前，讓你有機會，也讓你好歹有個機會說「嗨」。

滑著滑著，搞不好螢幕前的兩人在某一瞬間心動，結果原本在生活圈中老死不可能往來的人，就這樣奇蹟般地成為情侶。所以，如果能夠好好小心使用交友軟體，真的有可能為你開創很多機會。

接下來，我教大家怎麼安全地使用交友軟體，還有快速篩選掉那些不OK的對象，讓我們把時間留給其他正常一點的人類！

首先，黑男要告訴大家，通常交友軟體上都會有一系列的遊戲規則，有些可能是要你回答一系列問題後，才能搭配；有些可能要你先發言，對方才能回話之類的。總之隨著市面上的選擇和需求，總是有廠商能夠做出新的玩法。

但不論玩法如何，假如對方敷衍甚至努力破壞這個環境的規則，那我要勸勸大家，這個對象在感情上通常不會太真誠。

實際的例子，可能是在沒搭配的情況下，就在自我介紹裡貼line或Instagram，又或是在強調務必認真寫自我介紹的APP裡，寫得非常敷衍，都有可能是這個人真誠度不佳的警訊。

可能你們覺得畢竟只是交友軟體，或許對方只是嫌麻煩。但這種時候，如果你是要認真談個感情，那就要想，這種人連遊戲規則都不願意好好尊重，那當然更不用期待對方會好好尊重你了。

♫ 避雷第二卡：「謊顏」沒有明天，真人露相後殺必死

要解決最多人介意的假資料和假照片的問題，我覺得最快速也最重要的一點，就是誠實面對自己與對方的樣子。超級推薦剛在交友軟體上配對成功的男男女女，你們的首要任務就先好好視訊一下。但每次我只要這麼說都會有人抗議：「唉唷，才剛配對就要給對方看自己的樣子好害羞，太快了啦！」

齁呦！我是要你們視訊看看對方的樣子，聽聽對方說話的聲音，又不是要你們開台當直播主，做奇怪的事！

假如我們是正經要交朋友，不管是早是晚終究都會見到對方的樣子，你不可能永遠都用濾鏡擋住自己的臉。很多人都有一種觀念，覺得聊得很投緣才露臉，這樣對方才會看到自己的心靈，比較會忽視外在的缺陷。

但老實說，所有人都還是會看外表，只是接受範圍有所差異而已。假如你相談甚歡的女孩子在露臉後，真的不是你的菜，你完全吃不下去，難道你會因為聊得很開心，就強迫自己忽視她的外表嗎？

這點其實可以擴及很多方面，包括一個人說話的方式或是習慣的口氣，畢竟打字和聲音，是真的可以差非常多的。連我在街頭拍路配影片時，原本外在第一印象都給對方超高分的男女，在簡單開口寒暄之後，立刻就能感覺到對方說話的方式不合喜好，之後自然也沒有足夠的緣分了。

既然如此，為什麼還要用那麼多方式來浪費我們的時間呢？而且，假如對外表真的那麼沒信心，你也要想，聊了三分鐘因為外表被打槍，和聊了三個月才因為露臉被封鎖，哪個比較划算？

怎麼看都是前者吧！這樣你就有機會可以用省下來的時間，更好地經營跟其他人的關係了！

因此，即使外貌是硬傷，不如誠實一點會更好。而且，你們或許會很驚訝，常常在照片中要喬半天才覺得自己好看，但在視訊中用多角度看，整張臉的立體感會顯現，也不算差啦。

黑男邱比特教教我

Q：如果顏值是硬傷，可以不用真面目網交嗎？

A：先想一想，聊了三分鐘因為外表被打槍，和聊了三個月才因為露臉被封鎖，哪個比較划算？

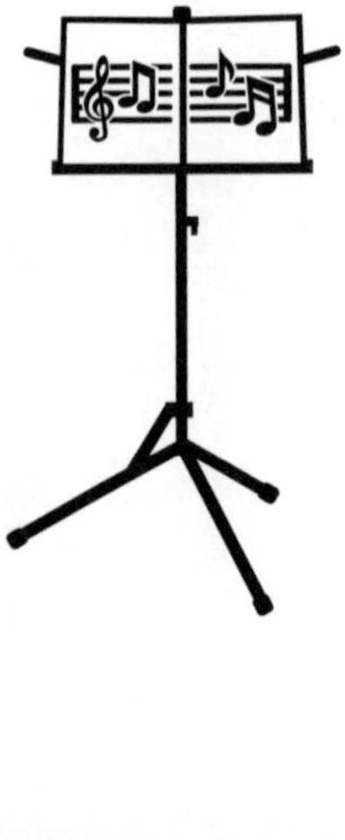

善用通訊軟體聊得熱烈，也要知道如何拒絕玩咖

有次，我做個針對手機交友APP的測試。當時，我遇到一個女生，她是網拍賣家，也是重度交友軟體使用者。在你能夠想像的範圍內，她大概是訊息輸出量最大的人類。

當時，我借了她的手機一開——哇賽，玲瑯滿目啊！光是交友軟體就有十個，加上其他幾個社交通訊軟體，總共十六個。

我問她：「妳平常都怎麼回訊息？」

她笑了一下，回答：「重要的加Line，其他的就放著，可能一、兩個小時再回囉！一開始看大頭貼，再來刪掉只打『安安』的，最後看他說話好不

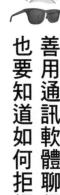

好玩。」

聽到了沒？**女生會區分重要程度。**很多男生都以為，每個女生配對的人數不是很多。才沒有！她們都是99+的！所以，這裡讓我點題一下：**在網路交友時，要極力注意現實情況。**

現代人找到對象的方法很多，大家嘴上最常提的大概非親友介紹莫屬，其次是參加活動或是在生活圈中自然認識。最近幾年，有個高速成長，但偏偏所有人都不敢直接說的方式：網路交友。

♫高速網戀，風險與機率各半

大家聽到網路交友，大概會有幾個印象：修得很誇張連他鄉下老母都不認得的

「照騙」、對面根本是哥們的網路人妖、想要你去買點數的網路騙子，以及各種用情不專的約砲渣男惡女。

這些人每天都在網路與各大交友ＡＰＰ上，造成無數悲慘案例，而且明明都是一些早就在網路上傳到爛的狗血故事，但偏偏總是有人不見棺材不斷激，會持續被騙。

這些可怕的案例實在流傳太廣，而且不定時還會有新聞事件提醒你，所以就算台灣真的治安很棒，一般人還是對網路交友有點害怕，對使用交友軟體的人容易有種微妙的歧視感，搞得很多在交友軟體上認識的情侶，在介紹給各自的朋友親戚之前，還要努力地編出一個合理的奇蹟相遇故事，才能堵住別人的嘴。

但是，每次有類似的問題在網路上出現時，在一片裡面都是約砲仔的留言中，總還是有幾個幸運兒說，自己在交友ＡＰＰ上遇到可以陪伴一生的伴侶。這種留言告訴我們：**透過網路可以擁有比日常高出數倍的交友機會，但也具有比日常高出數倍的風險。**

在這種環境裡，怎樣才能夠順利地找到對的人，就需要知道聊天時的一些眉眉角角。

♫ 效率掛帥，話題和訊息要快狠準

網路交友首重在效率，這也是為什麼很多人在最開始的幾句對話後，會迅速封鎖消失，因為網路上的選擇很多，淘汰的機率自然就高了。尤其是想認識女生時，要知道在交友軟體上的男女比例，是高達一比十的超級懸殊差異。

所以，如果前幾句話沒辦法提起女孩的興趣，自然一下子就沒話題了。

我們想像一下最失敗的網路聊天對話：

你：「安安。」

對方：「安。」

你：「今天好嗎？」
對方：「還不錯。」
你：「我也是（笑）。」

看到這邊，如果我再寫下去，你是不是也開始感到無聊了？所以剛開始聊天，千萬不要只打個「你好」或「安安」，因為一個女孩子可能同時收到二十、三十封私訊，會用這幾個詞當開頭的傢伙多如牛毛。除非你的照片帥到震驚全東區，連我都想找你拍片的程度，不然就不要妄想別人會注意到你。

開話題時，如同我前面幾章教過的原則，要不斷丟問題給對方，但不要選太空泛隨便帶過的問題，最好像「你喜歡某某電影？」「你的口紅都在哪裡買？」這種既能稱讚她，能讓她暢談個人喜好，還可以讓你配合時機展現自己的話題，你才有機會用口才征服對方。

但同樣地，如果對方連這種問題都不願意回答，證明她只是不小心滑到你，根本沒打算跟你好好聊天。遇到這種情況，你再發一次訊息，當確認不是軟體雷包吃訊息，而是真的已讀不回後，立刻抽手去找別人。

由於網路首重效率，絕對不要幻想對方有一天會忽然想起你。在現實生活中癡癡守候都不管用了，更何況是網路上？

♫日常分享，越單純越能得到機會

另一個要注意的部分，就是勇敢地分享自己的生活。我知道很多人都沒有這個習慣，而且認為如果把自己的私人資訊暴露出來，萬一對方是壞人怎麼辦!?

首先，你如果會這樣害怕，代表對方也很有可能同樣擔心。你可以試著站在聊天的對象的角度想想，她面對的同樣也是一個陌生人，這個人可能提過自己的興趣或想法，但她對於你其他的部分像是朋友、工作，卻完全一無所知，誰知道前面說的是真的還是假的。

其次，我不是要你拍身分證給對方看，而是假如你今天吃到超美味的便當，拍一下分享給對方說這家店特別好吃；或是教授、老闆做了什麼機車的事，小小抱怨生活中的小日常。這些才是能為網路上的你增加真實感的東西。

我們都想和真人談戀愛，分享生活大小事會讓你顯得更真實、令人安心。因此，用心地與對方分享也傾聽對方的分享，才是讓單純的對話從網路延伸到生活中的契機。

♫ 用心投入，你給出幾分就收回幾分

網路交友有著快速方便的特性，因此很多人抱持著輕忽的心態，覺得隨便聊聊，搞不好哪天運氣好就矇上了。這種心情會真實地暴露在應答的文字中，女生一看就點X嫌棄了。一個隨便的人很難創造出舒適的談話，在網路上都不用心，更何況談到現實？

所以，在網路交友中最珍貴的特質，就是在這樣的環境裡，依然願意好好對待每個人，並用誠實的一面應對別人的邀約，才會被他人重視，才能在茫茫人海中，遇到跟你擁有同樣信念的人。

什麼!?你說你只是想約砲玩玩，沒那麼認真？那當然更應該好好聊天呀！卵子衝腦的女人更挑照片，也更挑你給的Fu。如果你連打字都只願意打個「約嗎？」女生早就在腦海裡認定你是個雷砲。

所以，不管你的目的是什麼，好好面對聊天對象，才是網路聊天最重要的眉角。

黑男邱比特教教我

Q：網路「照騙」多，要怎樣才能夠順利地找到對的人？

A：最誠實的一面應對別人的邀約，你給出幾分最後就回收幾分。

被甩了？想哭就哭、想喝就喝，品嚐過痛苦才能成熟

我有個朋友，條件其實很不錯，身材長相也都不差，從事的也是收入很高的科技業，但到三十歲都還是母胎單身。我曾幫他配對過一次，但到了三十三歲，我又遇到他時，當我興奮地問：「現在脫魯了嗎？」

他搖搖頭，只說：「我是很佛系地追求感情。」

我看他不只快成佛，都要當大魔法師了！他不急，我都替他急得要命，就說要幫他再介紹一個女生，問他這兩天有沒有空？他歪著頭、想了想：「我都沒空耶。」

聽到他這麼說，我忽然發現他單身的原因了。大概是他實在太少一根筋，不知道自己那句話的背後涵義，其實是變相地拒絕他人。

明明多花個幾分鐘，也多個機會啊！單身的人在說話時，別忘了多提升自己的敏銳度，才能掌握到眉眉角角。

前面教了這麼多手法，身為邱比特的我很希望所有讀者都可以順利追到心儀的對象。但很多時候，人生絕對不會那麼順利。

為了避免大家遇到這種請況，受到太大的打擊而失去鬥志與信心，接下來，我要和大家討論一個絕對殘酷的話題：**假如努力了這麼久，還是沒有追到自己心儀的對象該怎麼辦？**（你們看我是不是很貼心？敲黑板、劃重點，讓你們翻書就能找到答案。）

♫友誼萬歲，失戀無罪

我想通常會翻開這一節的讀者，一定是遇到過類似的情況，或是還在追人的階段但對自己很沒有自信，所以要先翻一下書，讓自己有點心理建設。

我在寫失戀的處理方法時，自己心裡也想了很久，因為沒追到愛慕對象的心情實在很難過。

如果是一個女孩子，好好大哭、吃很多好吃的東西，找閨蜜訴苦一整個晚上，然後再想一個辦法讓自己勇敢地站起來，可能是去買很多好看的衣服或是減肥，讓自己的身材更好更自信。這些，都是能讓一個女生調適自己的方式，其實甚至不用我說，好多網路文章都會告訴女生，面對失戀時應該要怎麼辦？

但不知道為什麼，卻幾乎沒有教導男生怎麼面對這件事的文章，難道以為我們男性同胞的心都是鐵做的，都不會痛嗎？其實我們男孩子被甩的時候心裡也是會流血流淚的呀！

所以各位女性讀者抱歉了（先假裝我有女讀者好了），這一章讓我專門來安撫男性同胞的心靈吧。

大家覺得，自己被甩的時候是不是很難對別人說出口？就算是好兄弟或是父母過來關心，說最近怎麼沒食慾或是表情怪怪的，也只能夠把那些難過的經驗壓一壓，用像對待爆滿垃圾桶的方式，把自己的壞情緒全部塞進去。

是不是覺得，如果說出自己追女生這件事情失敗了，就很沒面子，所以只能夠假裝自己不在意，但其實晚上一直睡不著，偷偷刷Dcard的各種感情文，想像是對方寫給自己的做一堆腦補……

但如果有這樣的心態你才真的輸了！要搞清楚我們雖然是男人，但也是一個人，會難過這件事有什麼好丟臉的？大家有沒有看過**女生走出傷痛的流程**，**她們的做法是：釋放情緒 ↓ 找親友討論 ↓ 找到改進的辦法**。那為什麼男生光是做到第一點，就這麼難呢？

所以在失敗的第一時間，最重要的是不要假裝自己沒事，因為你有事，當你認清楚這一點，才有辦法面對自己的問題。如果你覺得為了失戀而痛苦很丟臉，就要仔細想想一個問題：**你每天躲在棉被裡偷哭，和努力走出這個女生給你的陰影，到底哪一項比較MAN呢？**

怎麼看都是後者吧。所以想哭就哭，想喝酒就喝酒，只要不犯法、不傷害人，就徹底釋放自己的壓力，不要覺得很沒面子，能面對痛苦的男人才是真正的成熟。

另外，這時候，哥們是你最堅強的後盾，會在你失戀時提著一打啤酒、陪你喝到吐的傢伙，絕對是會挺你一輩子的兄弟！跟他們好好聊聊自己在這段時間中的所作所為，一起分析那個女生到底有多莫名其妙。當局者迷、旁觀者清，有時候這些朋友可以在沒有愛情濾鏡的情況下，看到一些你沒注意到的問題，並且提出有用的建議。

你說，如果我的朋友都跟我一樣，是魯了一輩子的魯蛇呢？那當然沒有關係，即使朋友給不出好的意見，至少他們的陪伴會讓你不用獨自承受難過。

♫ 男孩不哭，站起來繼續擼

最後，就是要怎麼重新振作起來的問題。大家有沒有想過，為什麼那些受歡迎的男生明明被女生拒絕了，好像也沒有受到很大的打擊？當然，他們不是因為裝酷，也不是因為不難過，而是因為有自信，他們覺得就算這個女生跑了，未來還有千千萬萬個女生等著我，我不需要一直在同一個人身上浪費時間。

這不是渣也不是不專情，而是知道感情這件事情不是死纏爛打就會成功，也有信心自己不會因為一次失敗，就從此變成獨居魯蛇，永遠沒人愛。這才是一個瀟灑的男人應該要活成的樣子！

當一個女孩子從失戀的打擊站起來時，常會去買新的戰袍，或是重新好好保養自己，因為這是給自己一個重新回到戰場的信號與準備。感情世界這麼殘酷，當然要好好調整之前的不足，才能有再挑戰的資格。連女孩子都能做到的事情，如果一個男人都做不到而選擇頹廢，那怎麼會有女孩子喜歡他呢？

有些人在追求女生的時候，總是立刻就把自己的全部都投入，但真的完全投入自己的感情，應該是在努力發展關係之後。你投資的時候，會一次梭哈在一間連做什麼都搞不清楚的公司嗎？不會對吧？那為什麼談戀愛的時候卻這麼做呢？因為付出的太多，失去的感覺就太痛，一個把全部身心投入的賭徒，很容易就變得極端。所以很多人都沒有能力面對自己的失敗，甚至最終去傷害那個自己曾經喜歡過的人。

但這個樣子，不就等於證明自己真的是個不值得被愛的笨蛋嗎？不僅投資失利，還不知道怎麼想出處理方式，這種人連做報告你都不想和他同一組了，又怎麼會有人願意跟他交往！

男人應該要有男人的骨氣，要用自己的能耐證明女孩現在的選擇是錯誤的，讓她在未來看見我們的時候，心中會有點後悔當初太衝動，這樣才是個帥氣的男人在調適自己時應有的水準。

黑男邱比特教教我

Q：被甩了，要怎麼重新振作？

A：失戀不是世界末日，想喝就喝、想哭就哭，找愛你的哥們一起上KTV唱〈失戀萬歲〉吧。

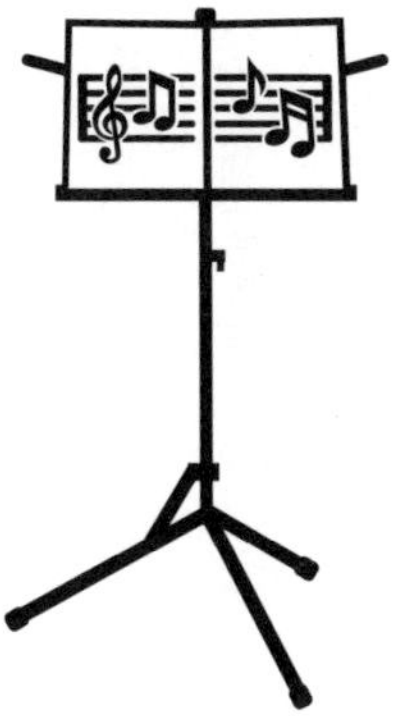

邱比特能幫你帶來緣分，但無法決定你要喜歡上誰

這裡要舉的例子，是一位彩妝師。她身材很好、長相也不錯，因為專業是彩妝，自然也很重視自己的外表，下了很多投資。但她卻單身很久很久，一直找不到對象。

主要原因很簡單，就是她非有錢人不嫁。光是這樣的條件，難度就提高很多，她又希望對方要長得帥，還要性格壞壞的，但不能真的壞。唉，你說這樣怎麼可能找得到對象？

我有次就跟她說：「妳都快三十歲了，要找個穩定又能處得來的男人，不要考慮太多條件。」

她很無辜地看著我，只說：「再看看。」因為她真的很認真，也花了很多時間去經營自己的人脈，涉及的一些社交圈子，也都有機會接觸到一些富二代。

我聽到簡直要昏倒。老實說，女追男，隔著的都是自己。

各位一定都聽過這句話：「女追男隔層紗。」在我的影片裡，只要女生比較主動，下面鐵定會有這一類的留言：女生只要對男生釋出明顯善意，又長得漂亮，基本上男人很容易就會淪陷。

但事實真的是這樣子嗎？老實說，真的是耶！各位男性同胞不要抗議，妹子就是正義！

♫ 想戀愛的女孩，總是在等理想男孩？

在我拍街訪影片的時候，通常只要女孩子率先釋出善意，接下來的遊戲挑戰、互相評分還有吃飯的環節，都會變得很順利，我專利的尬聊也幾乎不用出場，就能拍攝到不錯的互動，雙方的氣氛也真的會變得非常好。

畢竟，一個友善美麗又願意跟你聊天的正妹出現在你面前，就算不完全是你的菜，也會認不住跟她聊一下，男性讀者們老實說，對不對？

在交友軟體上就更是這樣了。大家應該都知道，男生玩的交友軟體和女孩子玩的永遠都不一樣。我聽過最血淋淋的例子，是同時聽到一個男生和一個女生，在打開某個我不能直接講名字的交友軟體時，分別說出了「都沒有人」和「人也太多」這兩種截然相反的感嘆。

有沒有感受到這個世界的殘酷？所以各位女孩（雖然，我猜會看這本書的女孩應該不多，但我在這邊真的要認真的鼓勵各位女孩），如果有遇到感興趣的對象，真的可以勇敢試試看。其實抬頭看看，台灣帥哥這麼多！對不對？

從我的經驗來看，女孩容易遇到的問題，不是找不到對象，而是根本不清楚自己想要什麼樣的人。

我在這邊跟各位偷偷說一下：日後各位如果在路上遇到我，想讓我幫你配對，要先講清楚條件。我聽過的條件千奇百怪，甚至有女生特別指定要肚子有肉或是一定要有刺青的男生。每種喜好我們都遇過了，所以我完全不害怕你提出奇怪條件，就等你讓我幫你找。

在這種情況下，我至少知道怎麼幫你找對象。反而是那些完全不提條件，說什麼都可以的人最難猜，常常我們真的找到人帶到她面前，卻都不滿意。

我曾經遇過一位女孩，長得很漂亮，人也感覺很好相處，講話挺活潑，而且當時是她先認出我，主動說要跟我報名被配對。遇到這種粉絲自願報名的，我真的都很開心，而且心裡會有一種責任感，覺得自己必須要幫她挑到一個好對象。

再來，既然是自己報名的，就也不用擔心太害羞放不開，我的粉絲在鏡頭前不知道為什麼，都放超開。

在採訪她的時候，一開始也沒有提特別的要求，只說要比她高，然後希望臉好看一點。這種條件太容易了，那裡可是東區，找潮男、帥哥根本不是問題。

但是當黑男很迅速帶了第一位男生過來，她轉頭的表情就讓我覺得不妙了。

♫對象都不差，想戀愛的感覺卻不對？

怎麼個不妙？我就不拖戲直接講結論：當天，我連續找了三位男生來與她配對，每一位都是又高又帥，其中有學歷很高的，也有家裡背景不錯的，從客觀來看都是超優質的男生（我覺得那天在東區找到的單身男生，素質都比平時更好一點，原本我心裡覺得唉呦，希望很大喔，能成功幫粉絲湊對超開心）。

但她每次到了互相評分的環節，開口就是兩分、三分，然後對每個男生都挑出一個缺點，有的比她期待的身高矮兩公分，有的長得太娃娃臉，甚至有的長得太帥沒安全感，她很露骨地表示興趣缺缺。

面對這種反應，男生當然覺得臉上不好看，於是隨便敷衍了事，雖然還是很禮貌，但你可以感覺到他們一直散發出想離開的氛圍。

這種情況下，別說是男生，連我都覺得氣氛很不好，心裡大概也知道這次的拍攝不會有好的結果，也決定就先放棄。但在我準備離開時女孩又抓著我，拜託我再幫她找一個配對，但處在這樣的情況下，最後我們只能不歡而散。

這次的配對，在我心中一直是種遺憾。我非常希望能夠幫她找到適合的人，但另一方面我心裡知道，這樣的情況下不論找多少個男孩，都只會被打槍。

我能夠感覺到，這個女孩是真心想好好談一場戀愛，但是她對於自己喜歡怎樣的對象卻沒有概念，導致不管什麼樣的人出現在她面前，都很難讓她找到喜歡的點，反而會直接被她的擔心稀釋掉吸引力。

♫揭開缺乏耐心的紗，緣分的距離就近了

邱比特能幫你帶來很多緣分，但沒辦法決定你要喜歡上誰。

雙方之間一定有讓彼此喜歡或不喜歡的地方，談戀愛是兩個人一起努力的事，找到雙方合適的價值觀，是需要從許多地方觀察看見的。但大家不要誤會，我不是說不要有標準，而是要想清楚自己最重要的條件是哪些？哪些又是可以放寬一點，讓自己有多一點彈性。

就像我最常講的一句話，就當多認識一個朋友。在交朋友的時候，你難道會挑剔這個人是捲髮或長髮？有鬍子或是有刺青嗎？交朋友時，我們都知道一個人的本性才是朋友的價值，但戀愛時，大家都只想找最完美的。不是沒有完美的人，只是最完美的人在哪裡？請你摸摸自己的心，只有它能告訴你。

女追男真的隔層紗，但是當機會到來的時候，隔著紗有沒有辦法看清自己想要的，有沒有足夠開放的心胸，容納機會的到來？又或是是否有足夠的耐心，來認識

這個陌生人，這些才是隔開你和緣分之間真正的距離。

找到合適的愛情可能不容易，但自己的選擇可以讓幸福變得不那麼難。

黑男邱比特教教我

Q：對象都不差，為什麼戀愛的感覺都不對？

A：選擇的是你，邱比特只能幫你帶來很多緣分，但沒辦法決定你要喜歡上誰。

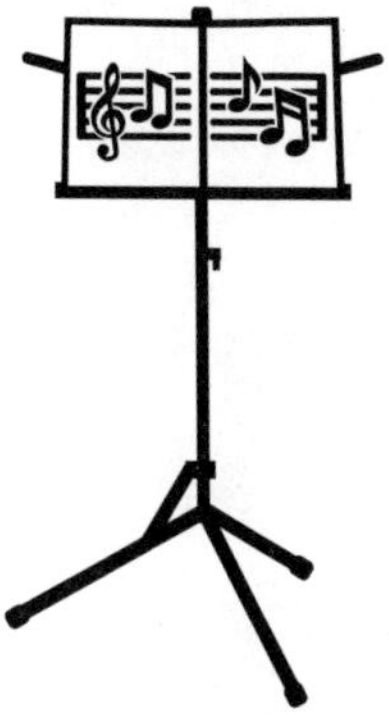

Chapter 3

其實戀愛並不難，
難的是經營兩人關係

欺騙對方是很幼稚的手段，最忌諱腳踏多條船

關於隱瞞，我要提的是自己的故事。我曾經有抽菸的習慣，但我的女友Lucy不喜歡。一開始我想了很多辦法，用筷子夾菸、改抽電子菸等等，不管怎麼做都還是會留下一些味道，慢慢地，我就控制自己只抽電子菸。

Lucy還是不喜歡。結果我又想出很多辦法，譬如把電子菸藏在助理身上。但Lucy超有當偵探的潛力，不管我怎麼藏，她還是找到了一個電子菸的菸彈，而且她更生氣了，因為這事關欺騙，她氣到都想要分手了。

後來，我痛定思痛，意識到除了戒菸更該處理的是隱瞞的問題。所以我家現在有裝監視器，她也擁有我的螢幕與電腦的監控權，她只要用手機，就

可以確定我的狀態。

這讓她更有安全感也讓我們的感情更好了。在討論隱瞞前，先用我的小故事給大家參考參考。

前陣子，如果對網上活躍的YouTuber們進行一次大範圍的民調，詢問他們心中最深的恐懼是什麼，我猜十有八、九得到的答案會是「黃標」。這兩個字，是繼演算法之後最令人頭痛的字眼。

原因很簡單。瞭解YouTube玩法的人，大概都曉得一支影片只要被下黃標，等於直接禁止任何廣告收益，除非有額外的業配收入，不然拍攝時流汗採訪、熬夜剪片，甚至瘋狂上字幕的時間，都可算是直接報銷！換句話說，整支影片確定是要賠錢了。

此外，當黃標變多，YouTube的演算法會自動判定該頻道為兒童不宜。於是，平台為了避免廣告商抗議，會默認讓訂閱者減少看到你發佈的新影片，免得發生可怕的事件。結果，你的影片越來越不容易被新觀眾看到。所以，太多黃標會慢慢拖垮整個頻道的成長，根本是一組毀滅全職 YouTuber 的連續技。

聊到這裡，各位是不是覺得我拋出這樣的開頭很奇怪？明明要講情侶相處的問題，怎麼突然講到拍片。別急，也不用往前翻書，我保證不是印錯或是我沒看清楚標題就亂講話（如果真的印錯，請大家去找出版社換書，編輯都很友善）。關於這個問題，要先談談我拍片時最害怕遇到的情況：有人要我刪影片。

一般人或許不清楚，找素人拍片時要注意的環節，遠比大部分的人所能想到得更多、更複雜。依據現行法律，人人都可以主張肖像權，若是沒辦法肯定影片裡的人同意公開錄像，任意公開影片是有可能會吃上官司的。

在我剛開始經營頻道時，對這些眉眉角角還不太瞭解，常常憑著一腔熱血，就衝上街找人配對，一開始大家都玩得很開心，但隨著我的影片上傳量慢慢增加、訂閱率越來越高後，就開始收到要我刪影片的私訊。

這些訊息千奇百怪，每個人的理由都不一樣。根據我的統計，絕大多數是因為在拍片當下，出鏡者其實早就有穩定交往的對象了，起初或許不在意，一旦影片累積了幾萬人觀看後，他（她）出於害怕又或者被伴侶看到鬧了起來，更可能是在同學朋友之間傳開，被主動通風報訊了。

有伴的人可以偷偷想像一下：現在睡在你枕頭旁打呼的小可愛，如果看到你居然在黑男的影片裡跟別的女生玩牽手，還一時腦抽，給某個漂亮正妹打滿分十分，她會有什麼反應？

老實說，你是不是抖了一下？快去廁所！小心不要尿褲子。你們的感受非常反應現實。很多人怕得要死就會私訊我：「安安，黑男，不好意思，我不想出現在影片裡。可以把我刪掉或打馬賽克嗎？」

每當看到這種訊息，其實我的心情是挺複雜的。一方面超級不爽，心想：「厚厚厚！你知道那支片花了我多少時間嗎？」另一方面則是很疑惑：**這些人為什麼會想瞞著另一半？**

♫隱瞞、偽單身……你是否上了分手排行榜？

隱瞞、偽單身，大概可以為列台灣大學生分手排行榜的前三名。要是各位翻翻Dcard和PTT的感情板，鐵定會發現一堆狀況都是跟這個命題有關。常見的問卦，像是「男友不把我介紹給他的朋友」、「沒有公開交往，求解」，帖子的內容清一色都寫著：「我該不該相信他？」、「他為什麼要騙我？」然後，網友就會貼出那張推薦所有人分手的經典圖。

我有時也覺得人類很奇怪，沒女友的時候天天上網呼喚愛，真的有了穩定交往的對象，卻又喜歡躲躲藏藏地不公開。

不過再細想，一個人會選擇隱瞞自己的感情狀況，歸根究柢，多半是心裡還有一點點的貪心，放不下單身時才能享受的某些生活小刺激。譬如，在我們拍的許多影片裡，被拍的人突然有了與帥哥、正妹親近的機會，唯一需要做的就是謊稱自己現在單身，面對這種誘惑，真的很多人腦子沒想清楚就答應下來了。

我不會立刻給這些人打上渣男、渣女的烙印，只是遺憾他們處理誘惑的方式還不夠成熟。

欺騙，是一段感情中最幼稚的手段。雖然大家都說感情老手最會騙了，但有沒有發現，不管玩得再怎麼高招，這種人總是會莫名其妙地被抓到。

有時候，黑男甚至覺得最強大的根本就是那些被劈的苦主，明明另一半花那麼多心思想隱瞞，還是能夠靠直覺抓姦在床。所以隱瞞很無用，已有伴侶的每個人都應該清楚：「騙得了一時，騙不了一世。」

千萬別以為，交往多年都是老夫老妻，不會互相關注了。其實，雙方早把彼此的一舉一動都內化成潛意識，假如有什麼不對勁，即使第一時間說不出來，直覺都會提醒你，另一半正在說謊。因此，真正的問題是：面對有所隱瞞的另一半時，你要用什麼方式處理？

我想向各位說明一點：**信任，才是一段感情中的基礎**。兩個人外貌再相配、個性再適合、興趣再相似、互動再默契，假如彼此互不信任，那絕不會是一段美好的關係。你能夠想像每天要跟睡在身邊的人諜對諜嗎？那樣的生活多累呀！

兩個人之間並不是絕不能有秘密，重點在於你是否能信任這個人，有把握他不會傷害你。以上這句要劃一個大大的重點，很多人在面對這個問題時，總是把問題放在要怎麼改變對方的行為，卻忽略自己的感受才是解決問題的重點。

♫先思考，再問是否要繼續投入

假如你發現另一半有所隱瞞，不要一開口就逼問對方心裡藏了什麼秘密。先反思自己沒有安全感的是這段關係中哪個部分，試著跟對方分享自己的不安。人很容易把自己的心情藏起來，但這種方式反而容易造成誤會。別忘了，要把別人的心防卸下，最容易的方法是先給對方看看自己的心思。

很多時候，人往往看不見自己擁有的東西，這時，好好地提醒他擁有這段感情能夠獲得的美好，也讓他好好思考自己真正想要的目標是什麼，但同時也要先做好覺悟，假如你的分享不被重視，甚至被另一些謊言搪塞過去，那就要好好考慮，你是否要為了愛情，把自己綁死在這樣的關係裡？別忘了，真正的愛情應該會讓自己感到舒服，而不是整天要玩解謎遊戲。

黑男邱比特教教我

Q：假如你發現另一半有所隱瞞時，該怎麼辦？

A：真正的愛情會讓自己舒服，而不是整天要玩解謎遊戲。想想每天要跟睡在身邊的人諜對諜，對嗎？

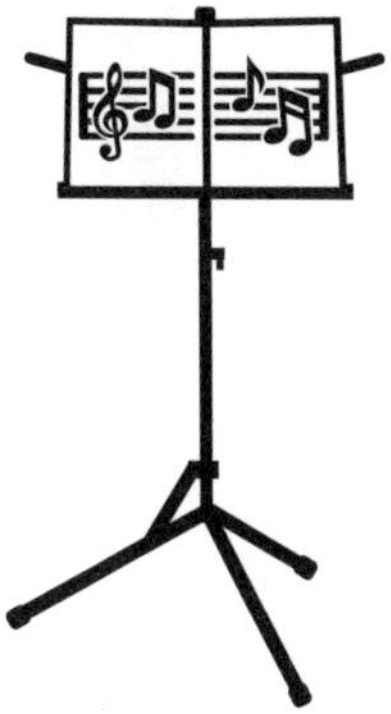

當心渣男！他總能和女生打好關係，令人感到親切

有一次，我遇到一對在逛街的閨蜜，兩個女生都還蠻可愛的，所以我就趕快衝去跟她們搭話。

當我問其中一個女生要不要參加配對？她的閨蜜很激動地插嘴：「趕快幫她找，她都遇到渣男。」那個女生也很無辜地張著她的大眼睛，望著我：「對啊，可不可以幫我找一個不渣的。」

但當我更進一步地問說她喜歡什麼樣的男生，她列了很多條件，要帥、要高、要有品味，要有自己的事業，要喜歡動物，要懂得享受生活等等，這樣一聽，我就知道問題出在哪了。她看上的男生條件都太好了。

我不是要說條件好的男生就一定會是渣男，但要知道他若是擁有很出眾的條件，就代表他有很多選擇的機會，那麼他是渣男的情況就更有可能發生。

渣男，無庸置疑是全世界女人都恨得牙癢癢的詞彙。

在我們身邊，幾乎每天都上演數不清的慘案，不管是網路上還是朋友間，時不時就會傳出比八點檔還要精采的故事，要不是NCC會罰錢，這種要色情有色情、要暴力也有暴力的情節拿去改編一下，肯定會創收視率新高（還是會被抗議說劇情太狗血）！

細數渣男的作為百百種，偷吃、騙砲、精神虐待等等，各種惡行都可以歸類在裡頭，網路上還不斷創造新的詞彙，像是甘蔗男、中藥渣男、咖啡渣男等等，就為了給他們分門別類，讓人不得不佩服網友們的無限創意！（你們也應該都來做

YouTuber，我們就不用擔心節目企劃很難寫了。）

從本性上來看，這些人大概有兩個通病，**第一個是欺騙，說謊說得超自然**。他們搞不好不覺得自己在說謊，就算被打臉也沒有什麼罪惡感。**第二個，就是不負責任**。出了什麼事，他們都能用各種花招——已讀不回或是裝無辜裝到底，直接甩鍋或是逃跑，但對於解決自己造成的問題，卻什麼都做不到。

總而言之，我覺得「甘蔗男」這個綽號最好。他們總是開頭甜蜜蜜，但最後吐出來卻都是不能吃的渣渣。區別僅在於有些人渣得很明顯，一下子就會被周圍所有人識破；有些人渣得很高明，被識破的瞬間會讓所有人都嚇一跳。在交往前，到底要怎麼判斷對方是不是渣男呢？

♫ 渣不渣看臉？其實……

很多人都說「男人不壞，女人不愛」，又或是更偏激一點，直接把帥哥、潮男都打上渣男標籤，武斷地認定有一張帥臉就等於花心。

這種情形常常出現在我的配對影片。當我找了一兩個小時，終於找到一個絕世花美男，開開心心地帶到女主角面前，結果兩個人一轉身，雖然女生在第一時間也露出驚豔的表情，但最後給帥哥的分數卻不高。

為了精進我的節目品質，我總是會在得到差評後，好好詢問配對者不滿意的原因，是什麼造成我的判斷跟她們的期望有那麼大的差異，在這種情況下，我得到最多的答案往往是男生長得太帥了，女生會沒安全感。所以對很多女生來說，真的寧願自己的男朋友長得普通一點、老實一點，才會覺得放心。

雖然看到出現在眼前的帥氣男生，女生不免心中會小鹿亂撞，但腦子清醒的都知道，別的女孩也跟自己一樣，那情景光想一想心就會提起來，原本衝動的感情自然也一下子就冷卻了。

帥哥到底是不是比較容易花心？有可能，但根據黑男的經驗，現實中最容易花心的都不是最帥的。

各位有沒有發現，如果女孩子要找個認真交往的對象，都不太會看上那些最帥的男生，其實最受女生歡迎的類型，是稍稍會打扮但整體不太誇張、性格很好很親切，最好講話還要有點幽默的男生。這種人不會讓女生擔心，又因為嘴甜，很容易聊一聊就把心聊進去了。

我看得人多了，慢慢發現渣男的特色在於他的舉止，跟外表無關。一個人的外貌不是自己有辦法可以選擇。說實話，最容易吸引女生喜歡的男生，才是最危險。

通常，一個普通的男生突然接觸到陌生的女生，還要跟她玩一些小遊戲，被我慫恿跟對方四目相望等等，遇到這種事，心中再怎麼說服自己冷靜或裝酷，舉止表現也一定會忍不住有點害羞，整個人手忙腳亂，更慘的說不定需要我努力地尬聊，才慢慢能跟對方搭上話。

但有種男生不一樣。他們一見到女生就有本事輕輕鬆鬆搭話，又可以幽默得剛剛好，常常比我還會逗女孩子笑，再加上因為氣氛輕鬆，女孩子也很快就會進入狀況，兩個人的互動自然而然就親近了。

這種能夠隨意和女孩子打好關係的技能，總是讓女孩們覺得親切。但其實才是最危險的。

♫ 斷開渣男陷阱，妳不是養他的肥料

很多人都有一個迷思，覺得能不能輕鬆和別人打好關係取決於個性，但除此之外，其實還需要依靠大量的練習，才能夠輕鬆配合各種情境並做出回應。尤其是像那些突發的搭訕狀況，因為對象根本就是陌生人，更需要依照對方的反饋，及時猜出他的個性並且臨機應變。

我拍攝這麼久的搭訕影片，各位可以從那些較舊的影片裡，看到這個過程有多難。雖然在我的影片中僅是幾分鐘、甚至幾十秒的片段，但每位女孩的個性都不同，要能夠跟所有人對話，除了運氣之外，說話技巧真的需要用心磨練。

因為工作的緣故，我平時只要遇到覺得有趣的陌生人，就喜歡練習跟對方搭

話，但那些習慣與各種人搭話的男孩，又是在哪些地方練習到這些技巧？

我不是說有這樣特質的人肯定就是渣男，只希望所有的女孩在判斷渣男時，關注的地方絕對不要跑偏了，妳心中害怕的並不一定是重點，那些讓妳放心的，反而有時才是最該擔心的部分。

遇到渣男的女孩，更不要陷入他的陷阱中。很多女孩在交往後明知道對方是史上無敵的大渣男，而且全天下的人都警告她，但因為有了感情便難以割捨，於是任由渣男欺負變成了養甘蔗的肥料。

所以，當妳在這種感情中清醒、要跑的時候，絕對不要遲疑和心軟。要知道，渣男再怎麼哭得要死要活，他還是可以活得好好的，而妳如果在一段感情中備受折磨，那才是浪費了妳的人生。

遇上渣男有時像天災，往往事前無法避免，但只要事後還有心力去補救，一切都還有轉圜的餘地。我由衷希望所有的女孩都可以平平安安，遠離渣男。

黑男邱比特教教我

Q：到底帥哥是不是真的比較容易花心？

A：渣男跟外表無關，重點在他的舉止。最招女生喜歡的那些男生，有時才是最危險。

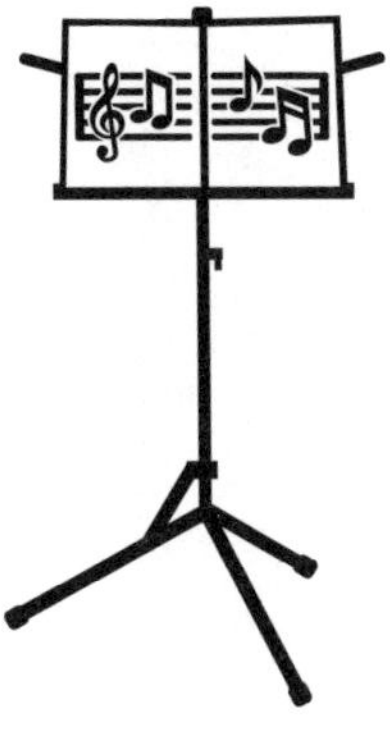

不想淪為工具人？小心說話模糊卻要求直接的渣女

跟大家講一個很多男性朋友會忽略的情形：很多人都認為渣女通常是最漂亮、身材最好而且最會打扮的，因為她們有最多的選擇。但大家要想想看，如果是你，會不會因為這樣不敢去追那些最美的女生？

我的一個朋友告訴我，其實最受歡迎的不是那些最美的女生，而是她們身邊的女伴。有時候，最美的女生太超出生物求偶的本能，很多人都怕越級打怪，但她們身邊那些也很注重外表、會打扮，雖然條件不是最好，但卻很幽默、好相處的女生，反而最有機會遊走在眾多追求者之間。

所以我們在討論渣女的時候，絕對不要只被原本的印象綁住，這樣反而會失去判斷渣女的機會。

就像女孩子怕渣男怕得要死，男孩們肯定也怕死渣女了。雖然男生、女生在面對感情時有不同的處理方式，但在這件事情上的感受絕對不會有太大差別。人心受到的傷害不會因為性別而有任何差異，一旦被背叛或遭受欺騙時，同樣都會痛到想哭。

所以，渣女引發的血案可不比渣男少，隨意在網路上搜尋，各種悲傷故事也是字字血淚。不管是戴男生綠帽、要求男生購買高價禮物或是各種情緒勒索，但凡在這邊說一說，身為男性的我都不禁感覺到身子抖抖的。

當然誰都不想遇到這種情況。可惜，許多男孩在情竇初開的年紀就傷了心，連錢包都被重戳一刀，在這樣的雙重打擊下，自此對女孩都心存戒心，甚至有些男孩因為大受打擊，忍不住報復社會，而走上渣男一途。

網路上，我們很常看見男生戰渣女，女生戰渣男。但目標很容易偏掉，變成雙方都各自罵得很開心，卻沒辦法體會對方的感受。

其實，戰性別才容易錯過那些對的人。不分男女，每個人都想找個可穩定談戀愛的人，都怕遇上的人太渣，所以在談感情時千萬要睜大眼睛，仔細觀察眼前的人是否具有渣男渣女的蛛絲馬跡。

♫渣女像什麼？

渣女很難從外表判斷。畢竟大多數的女孩子都知道要怎麼裝扮自己，只要往東區街上隨便一站，個個都是時尚正妹，難道這些女孩子都是渣女嗎？依照我多年在東區跟拍正妹、街訪的經驗，這說法肯定不是真的。

我可是把東區的正妹都建檔記錄到可以重複的程度，這樣的民調結果，相信應該足夠讓各位男士們稍稍放心。

那麼，渣女的行為舉止有什麼可以讓各位男生判斷？我簡單地說，大概就是說話很模糊、行為卻很直接，男孩們遇到這類型的女生最應該要小心。

一個女孩子如果要認真談戀愛，通常最需要的會是什麼？每次一聊到這個問題，我們最常聽到的抱怨一定是男生不給安穩的名分。正經的女孩子在跟一個男生確認關係之前，都不敢和男生太親密，怕男生嚐到甜頭之後就跑，反而自己吃了大虧。也不敢收太多禮物，最多就是一點宵夜還算合理，就怕被別人說閒話，也怕有虧欠男生的感覺。

但渣女們可是特異於一般女孩的存在。她們完全不怕肢體接觸，有時拉一下衣角，有時勾一下腰、摟一下手臂，誇張點的抱一下、蹭一下身體，搞得男生心癢癢、被撩得不要不要的，心思比較單純的男生自然很快就暈到站不穩。

但她們願意給的也就只有這樣，其他更進一步的東西絕對不會主動，只等男生自己說出口。

在這裡不得不提一下，台灣男生面對這種小鹿亂撞的心情，一般來說，唯一的想法是身為男人就追吧！但我們從小到大，沒有機會學怎樣正常地追女生，總是被洗腦：「每天噓寒問暖就是在聊天，如果關係沒有進展又碰到渣女，通常就會開始金錢攻勢。

在送禮物的當下，渣女會給出大大的、愛的獎勵，一邊說不好意思、滿臉通紅，但絕對不會拒絕。男生看著面前的女孩露出閃亮亮的眼神，總會幻想：「說不定告白了，就能當一對幸福的情侶。」

但渣女不想要很明白的關係，因為若關係穩定甚至被公開，就沒有辦法繼續收別人的好處。尤其大多數男生如果當小王，絕對只要身體，誰會無聊到送禮物還要當小王？

所以，渣女對所有男生都會放長長的線，吊著一點點餌，但只要有人告白，就立刻縮回去，張著無辜的眼睛說：「你人很好，我需要一點點時間想想，可以給我一點時間培養感情嗎？」然後，純情的男性同胞會繼續乖乖地等著，心想只要自己持續努力，總有一天會順利培養出完美的感情。各位，這不是在培養感情，而是在培養對方的衣櫃和名牌收藏。

♫ 撈自己一把，回頭是岸

渣女多數心眼很多，平常很容易做到不露聲色，加上男生一般都比較遲鈍不易察覺。我覺得有句老話很有道理：「**男生劈腿，女生會事先感到不對勁；女生劈腿，男生只會抓姦在床。**」

特別是走清純路線的渣女，往往到露出真實面目的瞬間，被害者才會驚覺，原來從頭到尾自己都被矇在鼓裡。

到底該怎麼防範渣女？首先要先知道她們的目標。渣女想要的不是禮物就是身體，在認清她的意圖之前，最重要的就是先認清自己，確定自己有什麼是對方感興趣的，然後搭配渣女的行為，你就能知道對方到底是懷著什麼樣的心思靠近你。

永遠都要牢記一件事：一個漂亮女生不會莫名其妙對你一見鍾情，除非你是個超級帥哥。如果你的外表不帥、但錢包滿滿，那也要注意一點。假如你什麼都沒有，最好看看自己最近是不是油錢花得很兇，或是一直在修電腦，小心自己變成工具人。

男生在面對這種情況時，最必要的是拿出男子漢的氣魄，穩住自己的心思，不要隨意被一點小色誘收買了。但是，若你真的要嘗試，一定要好好記帳，規畫自己的花費，設定停損點。

若你不幸是個可憐的工具人，要知道一件事：**太多人幻想默默付出，總有一天女神會回頭，建議先摸摸你自己的心，問一問你會想起家裡那個平常用不到的螺絲起子放在哪邊嗎？**如果不會，同理可證知道這種等待是沒有盡頭的。

男孩們把眼睛睜亮一點，讓我們一起遠離渣女，不當工具人和提款機。

黑男邱比特教教我

Q：為什麼覺得最近油錢花很兇，還一直在檢修電腦？

A：親愛的男性同胞，把眼睛睜亮一點，讓我們一起遠離渣女，不當工具人和提款機。

想讓戀愛走得長久，該怎麼找到彼此的平衡點？

談到關於磨合的話題，或許得先分享一下我自己的感情狀態。

我和女友Lucy之間最嚴重的問題，大概就是她的不安全感，因為我的工作每天都需要認識很多人，不管是拍攝、音樂或是影片，我總是需要加很多美女的IG、臉書或是加Line。

又因為我們沒有同居，每到晚上，我都可以感覺到Lucy的擔心，她會擔心我是不是一個人在家？或是有沒有女生傳訊息給我？

她的想法，我完全可以理解。為了解決問題，我買了一個能和手機連線的監視器。她如果覺得不安，就可以直接用手機看到我的情況。另外，我也給了她我的螢幕監視的權限，讓她可以隨時看到我工作的情況。

分享這個故事，不是鼓勵大家買監視器，而是要知道情侶間遇到問題時，要懂得配合對方去解決。

大家覺得，一見鍾情的可能性高不高？偶像劇裡，常可以看到各種浪漫的情節，好像只要打敗那些反派角色，穿上浪漫的白色婚紗走進禮堂之後，王子公主就直接走向幸福快樂的結局。

然而，所有人都知道，感情中最大的敵人是自己。儘管沒有任何人試圖破壞一對情侶的感情，但是當那些涉及價值觀、婚姻、小孩等等的看法全部堆在一起時，誰都會忍不住感慨：我的情路什麼時候竟然走成蛙人結訓的天堂路。

事實上，就算不提上述這些過於現實的問題，僅僅是想要談一場戀愛，兩個人間的情愫，也很容易因為生活中各種莫名的小習慣，而一瞬間毀滅殆盡。所以，真正的默契，重點是你能不能跟一個人好好的相處。

不只是男女朋友，就連生活中的朋友、工作上的同事等，所有良好的交流都跟默契有關。如果你和某個人可以從閒聊的方式、價值觀、興趣或是工作的安排風格彼此協調、理解對方的習慣，你們之間的默契就會慢慢被培養出來。

言歸正傳吧，我知道各位想看的不是日常啦、友情啦這些東西，不過要有戀愛的感覺，實則比一般生活裡面需要的東西更難，所以我們要怎麼培養戀愛的默契？我給大家的建議是永遠不要害怕磨合，也永遠不要想像要用什麼方式去磨合。

♫從吸引八、九分開始

要和某個人維持一段長期關係，誰都不可能躲得過「磨合」這個大關卡。大家應該也遇過這種情況，就像家裡鑰匙在開鎖時突然卡卡的：感情再好，還是會發生這種事喔！

各位應該也有聽過，一對情侶能不能在一起不是看他們相遇時多浪漫，而是第一次吵架後能不能好好處理。所以你看，磨合躲不掉啦！

再者，每個人磨合的方式都不一樣。這是一個殘酷的事實，也就是雙方要找出默契的第一件事。舉個例子：有些男生超討厭別人話說太直，如果女生過於直白地指出他的錯誤，瞬間一下打破他的自尊心，接下來，恐怕就將上演他根本聽不進去別人說話的可怕情況。

再譬如有些女生特別討厭男生冷戰，如果男生在吵架之後忽然不接電話、不回已讀訊息，也會啪！一下凍住女生戀愛的心情，接下來可能感情就回不去了。

換句話說，磨合需要透過彼此進行大量的思考和對話，這一點就算是在拍配對影片的情況下，都可以表現出來。

通常，在兩人配對成功之後，我為了讓雙方的進展更進一步，也為了不要浪費一個配對的機會（黑男抓配對是很有良心的，絕對不是隨便抓人來拍個影片，就收工回家睡覺，我們是全心全意想散播愛情給各位正妹、男神）。

因此，我們團隊非常重視配對的即時熱度。只要配對成功、雙方時間方便，就會立刻找家餐廳或咖啡館，讓雙方有時間聊一聊。否則，即使當下真的對面前的人充滿好感，交換聯絡方式後，沒有多少人真的有勇氣繼續撩下去（更何況，當時身邊沒有一個這麼愛尬聊的我）！

用這一頓飯的時間，讓彼此跳脫出拍片的情境，好好沉澱思考自己的需要，並且與對方溝通，再決定是否只當作認識一個普通朋友。如果熱度不夠，最後發現對方其實不適合自己，雙方也可以直接解散，不會浪費彼此的寶貴時間。

這個過程就等於用最快速的方式，談了一場在東區街頭的戀愛。每次看著那些失敗配對的互動，我常常在心中暗暗覺得有點可惜，但有時我也會想，在第一時間的相互吸引後初步磨合，最後因為溝通未果而和平分手，這不就是現代人戀愛的樣貌嗎？

♫ 學著各讓一步，才能彼此扶持

戀愛從熱情開始，但不能靠著熱情支持一輩子。有些時候，我們依然需要冷靜評估、思考對方的缺點、確認自己的堅持，想想自己願不願意為對方妥協一些習慣，也要觀察對方有沒有一顆體貼你的心。

我和Lucy的感情也是如此。我有我的壞習慣，她有她的堅持之處，彼此之間不管再有默契，生活中還是會遇到某些不合的問題。但我們總是願意花時間，站在對方的立場想一想。

我總認為疼女朋友就是要把她當成小公主，而她也總是尊重我的意見。很多時候，我也覺得自己的運氣真好，能夠找到一個如此適合自己的女朋友，而這也是基於我們一起在這條路上花費了很多的努力，才找到雙方的默契與平衡。

一對情侶如果要進入磨合的階段，除了要持續觀察自己的想法之外，也要不斷地回頭確認對方的情況，適時地為喜歡的人調整一下，這絕對不是什麼丟臉的大事。畢竟磨合是兩個人的事，沒有任何一方應該大男人，也沒有一方可以公主病，只期待對方配合自己，是沒有辦法順利磨合感情的。

每當彼此順利磨合了一個尖角後，能享受到更舒適的感情關係。畢竟，磨合是為了更好的默契，也是為了更好的未來我們。

黑男邱比特教教我

Q：覺得戀愛的熱情漸漸減退了，怎麼辦？

A：每段戀愛從熱情開始，但不能靠著熱情支持一輩子，重點是要彼此磨合。

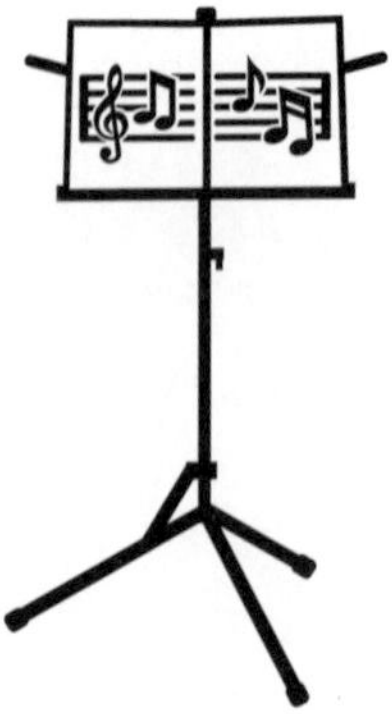

當愛情來臨，如何讓自己更有自信並展露魅力？

我一直都在做跟男女有關係的單元，有些人以為我找的對象都是俊男美女，一定都很有自信，但其實外表與自信不一定是正相關。

如果我用很冷靜的語氣，單刀直入地問一個男生：「先生，我教你一個向鐘意女生示好的方法，要不要試試看？」失敗機率超級高，因為對方一開始就沒自信。

但是，如果我用一種很有力量的語調說：「我跟你說！我有一個很好的方法，能讓你交到很多新的朋友，怎麼樣？要不要衝一發！」成功率就會高多了。

信心往往會被情緒感染。你不需要很會講話或是表現很機智，你只要很有精神、很有元氣地跟別人說話，自然會給人一種陽光、正能量的形象。這個方法不論男女都通用，培養自信是最簡單的開始。在開頭先分享給大家。

害羞的人其實很可愛。我很喜歡在路上遇見那種很害羞但沒有拒絕的女生，因為這種對象，拍起來特別好玩。對我來說，害羞的人常常都是充滿潛力的好男孩、好女孩。因為他們太習慣隱藏自己的美好，就像我們一直在唱的那首歌〈洋蔥〉，如果有人願意花點時間，一層一層把他們剝開（請各位紳士不要隨便想歪喔），絕對找得到那些令人驚喜的亮點。

為什麼人會害羞？絕大多數是因為對自己沒自信，但害羞的人不是沒有魅力，他們其實只是比較謹慎，看事情也偏向認真，要多觀察一下才會決定能不能信任你。如果你願意花點耐心，他們就會給你很多的回饋。

在我拍片的時候，很常遇到被我們搭話時嚇一跳，接著看到鏡頭就開始緊張，整個人變得好害羞的女生。她們會說自己不正、不能上鏡頭，或是說自己不特別、不好玩。但假如你耐心鼓勵，在她們願意透露自己的想法時，用有點浮誇的樣子表示贊同，常常剛好可以把對方逗笑，當她心態一輕鬆又受到鼓勵，話就會一句句慢慢地多了起來。這種時候，這些女孩在鏡頭下的樣子真的超級可愛，又有魅力。

我一直都覺得，這樣的人雖然嘴上常常不敢說，但心裡其實有很多話，也有很多情感，只因為沒有表達自己的習慣，所以不知道該用什麼方法說。要解決這種情況很簡單，只要你要找到方式幫她說出來。

人面對自己的時候也是如此，因為對自己沒有信心，很多事都積壓在心底不敢說出口，卻不知道它們快變成垃圾堆。這時候，只要找到方法學會表達、有自信，內在的魅力便會慢慢展露出來。

♫如果你太害羞，讓邱比特推你一把

有很多感情都是在不敢說的害羞中錯過。遇到這種情況，我經常拿單戀來舉例。各位不妨回想自己最年輕的那段時光，尤其是第一次談戀愛，或許是一直暗戀著某個人，在對方面前什麼都不敢說，甚至連話都沒有說過。這時候，害羞往往讓我們一不小心就錯過珍貴的機會。

阻止自己把好感說出口的理由太多、太多，但其實最簡單的原因，就是你沒有信心，不相信自己足夠好到能被另外一個人選上。我在街頭拍片的時候，就有注意到這種情況，大部分的參與者都很會選人，卻不知該怎麼選出自己最好的那一面，一遇到機會，就把自己整個人縮起來，吞吞吐吐地連話都說不好。

其實就算不談搭訕，讓我們用多角度去看待這些問題，沒自信不僅僅會讓你錯失感情開始的契機，很多時候就算感情已經開始了，這種很悶、很壓抑的狀況，每每會變成不敢表達自己真正的感情。

大家在網路上，應該看過很多這樣的說法吧？我們身邊的某些朋友，在男朋友或女朋友提出無理要求時，沒有辦法說出任何拒絕的話，有些比較誇張的人，還會覺得其實都是自己的問題。

當你用力搖晃這個人，大聲質問她（他）：「明明情況這麼扯，你怎麼會做出這麼奇葩的選擇？」他們會露出一臉無奈的表情，然後小聲地說：「啊！我想沒有人會比他（她）更愛我啊。」

明明就有啊！那個人應該是你自己啊！沒有自信別人會愛你，自然就沒有自信會愛自己。所以，小小一個沒自信能夠造成非常大的影響力，它簡簡單單就讓人愛在心裡口難開，或是氣在心裡覺得衰。

不少人總說我拍的影片都是找正妹、帥哥搭訕，但就像前文一直寫的，搭訕真正需要的就是你足夠相信自己，對自己的所作所為充滿自信，才能夠說服別人相信你是個陽光燦爛的好人。

這樣的想法當然可以應用在生活中很多地方，不只是談感情，就算是一般交友或是工作，這種自信都能讓你更容易說出自己的需求。

學著怎麼突破自己長期以來設下的心防，即使沒有黑男引導，也要自己練習慢慢學會展現出更好的自己。直到哪天看著鏡子，覺得自己好像也有點可愛，那就成功了。

♫ 愛情來臨前，你可以先……

就像我前面說過的，我很喜歡害羞的人，因為這就像拆開一個驚喜包，沒有花一點時間，你都不知道自己有沒有中大獎。要知道每個花錢買彩卷中樂透的人，都不會事先知道自己今天會中大獎！

這樣的驚喜包，不僅僅會是你在街上遇到的任何一個人。此外，其實最大的驚喜包還是你自己，因為在一堆人都沒試著打開之前，怎麼會知道裡面是怎樣的獎品？假如你沒有勇敢地踏出自信的那一步，永遠都不會知道自己可以走出什麼樣的路，以及自己到底是多棒的人。

而且，談感情最需要的並不是技術，而是自信的魅力，以及逐步變得更好的自己。

所以，如果有個條件很好的女神出現，不妨一邊提升自己的能力，一邊努力追上；如果遇到一個整天嫌棄你的女朋友，不妨一邊提升自己的能力，一邊勇敢地將你的心裡話告訴她；如果談了一段失敗的感情，不妨一邊提升自己的能力，一邊努力找到下一段更適合的感情。

提升自己、面對自己，讓自己在生活中自信，在感情中自信，成為更好的自己，生活自然而然也會對你開啟新的大門。

黑男邱比特教教我

Q：為什麼人會害羞？？

A：絕大多數是因為對自己沒自信，但害羞的人不是沒有魅力，他們只是通常比較謹慎，看事情也比較認真。

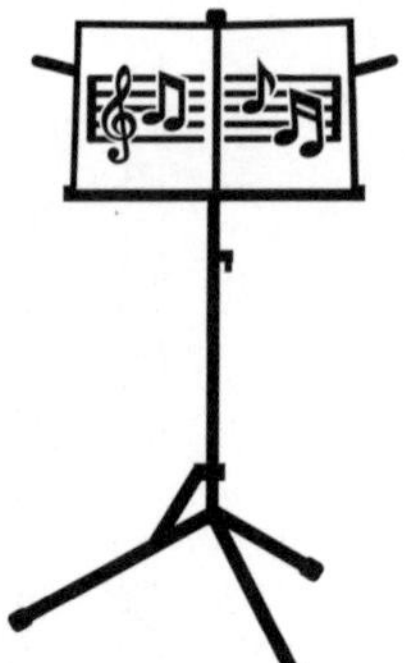

心動筆記

Chapter 4

從拍片過程，看到每個戀情的誕生……

攀談時女生的男友突然現身？關鍵是尊重她的意願

實境節目真的很好看。這類型的節目裡，很多情節與笑點都具有不同於預錄節目的刺激。造成這些效果的大功臣，同時也是給拍攝者各種大挑戰的，就是節目參與者。

因為實境節目沒有劇本，最多就只有橋段安排，狠一點的像我一樣直接上街找，連對方是誰我都沒辦法確定，根本不認識參與者更別說先RE稿，完全是機會命運的選擇。

♫ 實境的刺激與挑戰

這也是我的頻道之所以受歡迎的原因，因為其中的變數實在太大了，觀眾根本沒辦法預料我會遇到什麼樣的對象，說不定還會遇到男男配、女女配，有時還會有第三性的配對。

這些充滿各種神奇因素的配對，更讓最後的配對成功像一個小小的miracle，誰會不期待！所以，即使有些公司為了讓自家的小藝人或模特兒，有更多機會曝光在大眾眼前，來洽談要在我的節目裡露臉，但對於這種商業化的要求，不論價碼再高，我都不打算答應。

畢竟藝人為了自己的演藝生涯，需要顧及自身的形象，很多環節都必須經過公司的安排，這種效果絕對不會比真的素人好。我相信觀眾眼睛都是雪亮的，尤其我這種主打真實性的節目，早就把觀眾的胃口養刁，只要有一點點虛假，肯定會被抓出來罵。

換言之，為了不砸自己招牌，即使我今天攔到一個配合度很高的的超級正妹，但在拍攝前，她說自己其實是已被簽下的藝人，需要先問過公司意見，那麼不論條件有多好，我都會忍痛放棄。對我來說，觀眾的觀看體驗才是最重要的事（大家有沒有很感動，想把我的影片多刷幾次？）

因為上述的種種原因，拍攝情況偶爾會變得很難預測。尤其像我們這種上街拍跟訪配對影片的 YouTuber，一不小心被誤會，真的不是尷尬就能解決。經常有人問我，怎麼那麼會尬聊，都不會害怕嗎？我在心裡可憐地想，尷尬真的是我們遇到最不恐怖的情況了。

第一種麻煩是被當成騷擾，雖然遇到這種情況的機率很低，如同前文也很認真地告誡過搭訕的第一要件，就是絕對要尊重任何人的意願，只要有人表現出一點點不情願，就要立刻收手撤退。

所以，只要女生說「謝謝，不用」，我們就會乖乖離開。

真正會造成麻煩的通常是女孩子身邊的男伴，我相信所有男性都可以理解這一點，假如我今天開開心心帶女友出門逛街，才去上個廁所回來，就看到有個男生追著我女友問是不是單身，我也會想給他「巴落去」。

對岸的街民看過來

台灣大部分人都很友善，通常當我問妳是不是單身，男朋友或老公就會一臉殺氣地出現，但看到我手上的攝影機，就會瞬間冷靜下來聽我解釋，瞭解我們正在進行實境節目後，就會放過我。

我真的差點被揍的一次，是在中國拍片。當時，我在當地的商場找尋願意配對的女生，遇到一組共三位女孩，每個都穿得很時尚，妝容也很精緻。

我想應該是閨蜜出來逛街，這一種情況問配對，通常效果不錯，因為只要為其中一個女生點頭配對，另外兩個也能在旁邊一起鼓譟，情緒比較帶得起來。即使她們三個人都想配對，一次配對三組也是個大挑戰，因此我湊上去搭話。

當我還在進行第一步的搭話，才講到一半時，就有個壯壯男生一臉凶狠地衝到我面前，一邊罵一邊用他的胸肌把我頂開！我往後一跳，看到他幾乎就要把手舉起來，還好其中一個女孩子瞬間把他攔下來，笑著說那個男生是朋友，以為她們正被騷擾，一衝動就過來展現英雄救美的橋段。還好女生們反應夠快，不然我的第一次街頭衝突可能就要獻給中國了。

另一種問題是最常見的器材出狀況，每當這種情況發生，心中都會很痛啊！假如這發生在台北，最多損失一天的拍攝時間，但若是發生在外縣市，甚至出國時，別說請別人修理，你買一台新的都不知道規格是否適合。真的要用盡一切，想辦法克服才能順利拍下去。

說到最讓我印象最深刻的一個情況，要數我在北京拍片的時候，恰逢元旦，氣溫低到只有四、五度，天氣又乾又冷，那個時候我們頂著冷風，好不容易拍完了一組配對，正想跟對方留個連絡方式時，我的Iphone居然瞬間關機！怎麼呼叫都沒打算理我。

後來，經由當地人解釋，我才知道原來台灣的Iphone電池不夠抗寒，需要買個專門抗寒的電池，才能夠抵擋低溫、順利運作。突然發生這種狀況，而且又是元旦，你說要去哪裡立刻生出電池？但影片不能不拍，也不能不留聯絡方式，更何況我有一堆重要資料都在手機裡。

所以，最後為了維持收機電池的溫度，我只好持續把它夾在我的胯下，用體溫替它取暖。接下來，尷尬的是我每次拿出手機時，都要往胯下一掏，雖然我已經算是很厚臉皮，但這個經驗還是讓我記憶猶新。畢竟身為YouTuber，拍攝順利就是一切宗旨，丟臉就當做一次慘痛的經驗吧。

黑男邱比特教教我

Q：攀談時，遇到女生的男友突然現身怎麼辦？

A：要尊重任何人的意願，只要有人表現出一點點不情願，就要立刻收手撤退。

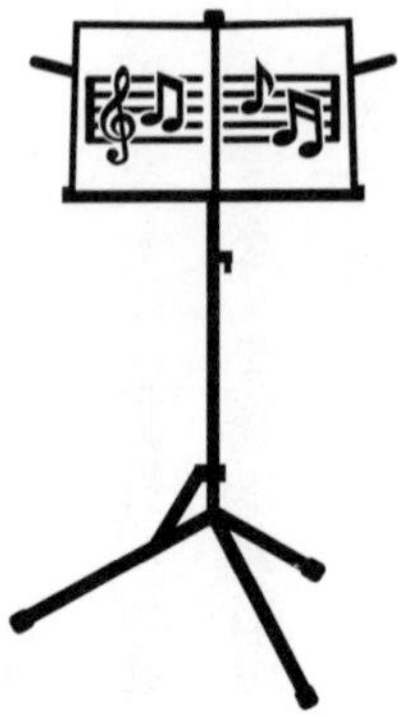

無論在哪個國度，都會發現人們期待愛情與緣分

為了有一天能做外語發音的街訪配對節目，我請個英文家教。他是個有趣的美國人，會幫我翻譯並練習各種配對時需要的英文句子。幾堂課下來，我覺得要記得怎麼說不難，重點是要讓幽默自然地融入自己的話中，幫別人介紹時才會更順利，更容易克服尷尬的情況。

♫ 海內海外，文化過招

但有一次我和英文家教討論這方面的問題時，他卻露出非常疑惑的表情，不懂

為什麼我需要幫別人介紹對方的優點？我跟他舉出我在台灣拍片的例子，說擔心陌生人之間比較害羞，不會說自己的優點。

家教老師更疑惑了，告訴我在美國，假如一個人不會介紹自己，他的個性就真的很難交到女朋友，因為表達自己的個性和介紹自己，都是非常基本的能力。在台灣常見的問題，像是有車有房或是職業，反而不是最重要的。

經過和家教老師的對談，我感受到歐美和亞洲文化中的明顯差異，回過頭來想一想，我也在亞洲的不同國家拍攝過配對影片，也有不小的文化差異。

台北的東區算是我的發源地，當初會選這裡，是因為服飾店多、逛街的人流就多，我相信其中的單身男女一定相當多，而且在這種重視流行文化的地方，型男、正妹絕不會少。

更棒的是台灣人的熱情與包容，在東區展現得格外明顯。東區就像一個文化繁榮心臟。你在這邊可以遇到許多人，不管是異性戀、同性戀、第三性或是外國人，各式各樣的人來來往往，每個人幾乎都願意為我提供友善又豐富的回應，連小孩和寵物的配對題材，都可以吸引到很多人的興趣與支持。

這也是為什麼我一直在東區的Zara前流連忘返。

再來，談談一個繁榮得像台北信義區的城市——上海新天地。這邊真的非常熱鬧、fashion，酒吧林立、夜生活很豐富。我是在時裝週時造訪，超多穿著時尚套裝的人來來去去，每個人都有一種氣勢，讓人有種「沒有三兩三，不敢上梁山」的感覺。

當然在這種地方，對配對的要求相對更高。不管是顏質、身高、身材、穿搭風格，甚至是經濟狀況、家庭背景，參與者都非常在意，而且表現得非常直接。如果滿意，抱抱互動都沒問題，但只要不滿意，直接甩頭就走，絲毫不給面子，是一個很有個性的地方。

另外，北京三里屯靠近電影學院，有超多高顏質的男女，而且年輕人特別多。不知道是不是我受到明星光環影響，總覺得他們講話很有氣質又溫柔。拍攝很順利，配對時的互動非常有禮貌，即使那幾天氣溫幾乎都下探零度，許多人還是很親切地配合我們。

成都太古里是我非常喜歡的地點，它的特色在於是個高檔與平價混合的區域，我會說那裡是西門町和東區的混合。不同特質的人身在其中，都很自在也很熱情，給我一點點台北的感覺。而且不知道為什麼，拍攝時遇到很多喜歡男生的男生，當地可能在這方面比較開放一點。

在這幾個地方，多數人都不知道黑男邱比特是在幹什麼，也沒聽過什麼街頭配對，但還是有人願意與我們互動，這一點真是讓人開心。

此外，香港就跟大家的印象一樣，是個異常匆忙的大都市，每個人的生活節奏都很快，連走路都超級快。可能是因為這樣的生活，我遇到的一些人都很渴望愛情的滋潤，很珍惜這種配對的機會。甚至還有人是上班途中遇到我，還想跟我約下班後要回來讓我配對。

但因為這樣，香港和上海一樣很重視配對的條件，尤其是用穿衣風格定義會不會打扮，完全沒有商量空間，表現得很直接。要是看不上眼，雖然不會直接跑掉，但你會很明確地感覺到對方的拒絕。

澳門在我的印象中是個超級有人情味的地方。當我遇到一家人，幫其中的姊姊配對時，全家人都在旁邊拍手叫好。因為地方小，人際網路非常密集，整座島上只有五所學校，難免彼此有互聯，譬如有一組陌生男女，聊一聊竟發現對方是朋友的朋友，牽線超級容易。在澳門找配對時，這是最有趣的地方。

在吉隆坡的經驗也很特殊，那邊是個網紅和 YouTuber 非常發達的地方。我一說自己是個台灣 YouTuber，就有很多人搶著拍照，讓我充滿當名人的愉悅感。在配對的時候，他們每個人開的條件都很客氣，不太會追求明顯的條件，互動時有一種特別的含蓄，實在蠻可愛的，跟台灣人的反應很不一樣。

♫ 愛情不需要語言，沒有國界

在各國各區域拍攝配對影片實在很好玩，你可以發現每個地方的人有不同的文化和個性，因此在處理各種情況時，要更靈活應變。儘管如此，每個地方的人們都期待愛情與緣分。

我不僅一直很想去美國拍配對影片，而且未來還想學日文、韓文，到更多的地方，讓更多的人感受到緣分的碰撞，讓邱比特走上不同的街頭，替更多人牽上愛情紅線。

黑男邱比特教教我

Q：文化差異很大，也可以找到愛情和緣分嗎？

A：無論在哪個國度，人們都一樣期待愛情與緣分。

音樂佔據我靈魂的一半，人生就順順彈奏下去

聽到我會做音樂，有些人會有點驚訝，覺得這麼有氣質的東西跟我平日的形象搭不起來。有些人雖然一點都不感到意外，但態度很不正經，說我彈琴肯定是為了某個正妹。

怎麼可能只是為了某個正妹，當然是因為很多正妹（被打）。其實，這樣說也不能算錯，有好好看前面背景介紹的讀者應該還記得，讓我決定彈琴的誘因，除了我媽媽本身是鋼琴老師之外，另一個理由就是小時候教我的那位漂亮鋼琴老師。

想當年，當她溫柔地抱著我坐在她的腿上，拉著我的小手彈奏眼前的琴鍵，我感受到和媽媽教我彈琴時完全不同的魅力，就在這一瞬間，我注定與音樂結下不解

之緣。即使後來這位鋼琴老師其實兇得要死，也沒有把我和鋼琴之間「纏綿緋惻」的感情打散。

從此以後，鋼琴對我而言就像一個好兄弟。即使我在有些時刻沒把它當成最重要的東西，但我生活的各個階段總是有它的存在。假如我某一天沒有和它聊聊，就會渾身不自在。

因此，就算我曾經動念想參與我爸的營建事業，整天在工地晃，也還是會練練琴，總覺得配著音樂，日子會特別順順地過去。

到了大學，我已經通過鋼琴檢定，也開始教琴的日子。這對我來說不僅是一份賺錢的工作，有時候我也會夢想一下，說不定哪個學生可能因為我的教導，而跟我走上一樣的路。雖然每次照了照鏡子後，我就會打消這個念頭。

在這段時間，我開始接觸作曲，偶爾參加一些比賽，而且因為那些照鏡子就知道的原因，一直沒有走上出道的路，但這不代表我的努力被浪費。這些經驗讓我作曲的能力被看見，開始有機會接觸商業作曲，我正式踏入音樂界。

♫你不知道的黑男……

有人可能會說這樣不就很爽，可以把興趣當成工作，這不是夢想中的工作嗎？把上面那一串話拿去問大家認為很爽的行業，每個人大概都會哭給你看，你有看過美編或設計師真的每天畫得超開心，熬夜加班都是笑著嗎？

對於作曲，很多人都有一種浪漫的想法。我每次提到我會作曲，大家就會在腦子裡想像：我帶著墨鏡、坐在落地窗前，面對著我的好兄弟鋼琴，一臉嚴肅、眉頭皺得緊緊，突然天空一道閃電打下來，我全身像起乩一樣開始瘋狂動手，一首曲子就這樣誕生！

我要告訴各位，完、全、不是這樣。作曲有時是有自己的概念，而商業上的作曲通常視廠商需要什麼樣風格的音樂。有經驗的作曲者能依照一些基本原則，迅速創作出一段適合的旋律。你在廣告理聽到的小曲子，很多都是在這樣的情況下被創作出來。

對我來說，做一首商業用的曲子所需的時間可能不多，但做自己的曲子時，感覺完全不同，就像畫家在畫工作需要的成品和個人作品時，肯定也有差別。一直以來，我很希望能夠花更多心力在自己的作品上，但這就要提到靠音樂過活的另一個問題：**收入真的很不穩定**。

一家公司用不用你的音樂，和你有沒有案子接，都是要拜拜、看天意的，而且一首曲子的版稅真的低得可憐。所以我也只能繼續教琴來維持穩定的收入，在長時間的工作環境中，要做自己的音樂，變成了一件有點遙遠的事情，有的時候也，不免讓我有一點遺憾。

在開始拍影片前，我其實沒有想過，這是我真的開始為自己做音樂的契機，當時雖然已專注做YouTuber好一段時間，這份工作變成我人生的重心，而工作內容也是我真心喜歡的。

但是，面對我的音樂和影片事業，我忍不住說出渣男的經典語錄：「你們兩個都是我的真愛啊！」然而很幸運地，用渣男的心態對待工作，總會被稱讚你很有事業心。

在這個時候遇到Lucy，更是我音樂創作過程中一個最大的幸運。我們對音樂擁有相同的興趣，也都喜歡創作，有著音樂夢。聽著她甜甜的嗓音，我開始創作充滿溫柔情感的曲調。她唱歌、我作曲，是生活中最棒的靈感來源。

我們建立另一個專門創作音樂的頻道「Blackman music」（見第二〇五頁的的QRCODE，可掃描免費下載黑男獨奏鋼琴曲），裡面放進許多我們兩人共同創作的音樂作品，也用簡單的方式拍攝些簡單的MV。雖然觀看數與訂閱數自然不會像黑男頻道本身那麼熱烈，但是一則則支持我們的留言，和對我們音樂的肯定，都帶來不一樣的滿足感。

雖然我在音樂頻道裡總是帶著墨鏡，但覺得許多聽眾在這裡看到同一副墨鏡下不同的黑男。對我來說，音樂或許就是另一半的靈魂，沒那麼愛鬧、多一點溫柔，也多一些不同的情感。

不論是哪一部分的黑男，都是我生命中不可或缺的一塊，是讓我持續努力到現在的動力，也是我人生中逐步實現的夢想。

黑男邱比特教教我

Q：請跟我分享我不知道的黑男？

A：長期被音樂佔據靈魂的一半，熱衷彈琴不是為了某個正妹，是為了更多正妹。

分享我一天穿梭拍片的過程，讓你看看戀情怎麼誕生

聽說 YouTuber 是很多人夢想的工作，我當然對於這個職業很驕傲，這個平台真的是太神奇了，只要有最簡單的裝備——一台手機和最基本的剪輯軟體，立刻就能開工，幾乎沒有任何門檻。

因此，你沒有任何準備不足的藉口，就算別人可能擁有專業團隊，但真正能夠打倒這一切的，還是要靠自己的創意與努力。大家應該看過很多拍攝精緻的影片，沒什麼點閱率。

當個 YouTuber 非常勞碌，幾乎沒有喘息的空間，要隨時跟得上時代，不然會被迅速淘汰。基於上面提到的種種因素，我在拍片的時候真的很嚴肅。

每一個環節。

我想大家都不相信，因為在鏡頭前的我總是一臉嘻嘻哈哈，還不定時會冒出各種白癡的冷笑話，但跟我工作過的團隊成員都知道，我在拍攝時，總是很認真對待每一個環節。

很多人都說，當我這種類型的YouTuber最爽了，整天只要在街上找正妹搭訕，然後隨便拍一拍、剪一剪就可以賺錢。其實，這份工作真的沒有大家想像得那麼輕鬆。

我自從成為YouTuber後，幾乎完全沒有休假，不是在拍片就是在剪片。所以，這最後一小節將打算分享我拍片的一天，讓大家看看平時黑男邱比特如何在街上穿梭，才能拍好一支大家喜歡的影片。

♫ 用一台單反，闖蕩都市叢林

每當我們訂下一個拍攝日程，就要有整天在街上找人的心理準備，因為沒辦法預料會遇到什麼人、花多久時間，常常花了十幾個小時，卻沒有可用的片段。

為了應對這樣的情況，我很早就習慣隨時帶著一台攝影機。畢竟有的時候，預料之外的鏡頭才是最珍貴，你永遠不知道你出門時會遇到怎樣的人，或許在出門吃午餐的情況下，就找到珍貴的題材。所以，只要有機會，我隨時都做好拍攝的準備。

在整個拍片過程中，最累人的環節就是大家最羨慕的尋找正妹。跟過我拍攝的人，都說我盯著往來人群的眼神非常銳利。因為長期工作的訓練，我很瞭解怎樣的女孩與男孩在鏡頭上會上相，也知道對於一支影片，必須要找到它的賣點，才能夠順利在螢幕上有點閱率。

但是，適合上鏡又願意上鏡的人實在不好找，在這個過程中，又會有多到可怕的拒絕和白眼。有時候，我們的腿都走到肌腱發炎，還是找不到一個願意讓我們拍攝的對象。

即使找到拍攝對象，花時間建立彼此的信任，並且找到對方的指定對象，又是一條漫漫長路，這個過程通常都得看老天賞不賞臉。有的時候就像命運一樣，會在一開始五分鐘就立刻找到速配的人，也有可能花了兩三個小時卻一無所獲。有些人會願意跟我們約時間拍攝，但多數的情況是那一整天的工作都沒有結果。

此外，在配對的過程中，要格外注意兩個參與者之間的情緒。由於雙方的互動並非安排過，永遠沒辦法預料會發生什麼事，可能有些人不滿意而惱羞成怒，也有人完全放不開，導致氣氛尷尬。這時候，我身為主持人，必須好好面對眼前的一切。即使雙方對彼此都沒有興趣，讓一切好聚好散不影響雙方心情，是最最最最高的前提。

最後，讓配對者簽完影像授權書，並留下聯絡方式，讓被拍攝的人可以安心，影片的拍攝才真的結束。這樣一趟下來，通常就是四、五個小時過去，但影片拍攝完成後，後製的工作緊接著開始。

就像前面所說，一場順利的拍攝通常要耗時四、五個小時，這代表我們的影帶長度至少有三、四個小時，但我們必須在這其中找出最精華的十五分鐘，剪輯成正式影片，而且還要注意每一幀影片是否有需要打碼的部分，得小心處理。

我常常半夜憑藉著自己的印象想要剪輯影片，卻遲遲找不到某個片段；或是發現那時候攝影機聚焦不良，或是出現各種大小意外。這些情況發生時，所有的東西都不能重來，這一層壓力常常讓我一口老血噴在螢幕上，忍不住覺得自己做了白工。

更別提後續要上好字幕，另外需要適時地切換鏡頭與加入各種效果，才能讓影片的質感更好。這樣的工作量也不能有延遲，因為網站程式的演算法絕對不會等你休息的。有時候，YouTuber活脫脫是一個跳進來就持續困在裡面的輪迴。

這些問題是所有實鏡拍攝者需要克服的，也是所有YouTuber都要面對的問題，不僅僅是我一個人才遭遇到這些需要克服的狀況。

提及這些，不是想讓大家開始膜拜我，覺得我好辛苦、好認真。這是我選擇的工作，所以把它做到最好是我應盡的責任，觀眾們的回應也給了許多的快樂與成就感。

我希望大家可以透過這些章節，更深入瞭解我這個人，也更瞭解這份工作。知道我即使不正經，也是一個實實在在、腳踏實地的人。

希望大家在看我的影片時，可以跟著我一起牽起兩個陌生人之間的紅線，一起感受這些甜蜜的過程，希望大家繼續支持《黑男邱比特》。

黑男邱比特教教我

Q：聽說YouTuber可以泡妹、賺錢，是很多人夢想的工作？

A：真心不騙做YouTuber非常勞碌，幾乎沒有喘息的空間，重點在要隨時跟得上時代，不然被淘汰是非常迅速的事。

心動筆記

後記
獻給所有渴望愛情、勇敢追夢的單身男女

沒想到，居然有一天真的可以出一本自己的書，感覺又達成一部分的夢想。不知道看完本書的讀者，對我是否有更多的認識？

在這段時間裡，我回顧許多拍片的細節，覺得這一路走來受到很多的支持，才能走到現在。

因為現在有點詞窮，編輯說我可以在後記講講未來的計畫和期許。首先，身為一個吃貨，我希望有一天，可以用自己的品牌開一間餐廳或蛋糕店，最好是板前壽司店，因為我真的超愛這家店，但總而言之只要是好吃的就好。

第二個願望，是希望能夠出一款黑男的交友ＡＰＰ。其實這一點，我已經有很多想法，強調要真實和互動，除了希望能採用視訊，具有嚴格的認證制度，保障

所有會員的權利，也希望能在APP裡舉辦各種聯誼活動，使配對活動延伸到網路上，讓愛沒有距離。

第三個願望與觀眾切身相關，就是希望有一天可以做個英文配對節目。為了達成這個目標，我正在苦練英文，也請了英文家教，持續幫我進行這方面的練習。未來總有一天，我一定會把黑男邱比特帶到紐約，幫紐約客配對看看。

但願在這些願望達成時，還能夠有你們這些觀眾與讀者的支持。我不會停下自己的腳步，會繼續向前邁進！

黑男邱比特
愛的練習曲

【提醒事項】
1. 使用二維碼及條碼掃瞄器
2. 進入OneDrive頁面，點取下載
3. 下載期限：2022.8.24

國家圖書館出版品預行編目（CIP）資料

黑男邱比特的愛情經營學：在感情路上遇到對的人，才能成就更好的自己！
/黑男著
－－初版. －－新北市；大樂文化 ， 2020.08
面；14.8×21公分. –（POWER：29）

ISBN 978-957-8710-88-7（平裝）

1. 成功法　2. 生活指導　3. 兩性關係

177.2　　109010092

POWER 029

黑男邱比特的愛情經營學

在感情路上遇到對的人，才能成就更好的自己！

作　　者／黑男
封面設計／蕭壽佳
內頁排版／思　思
責任編輯／王藝婷
主　　編／皮海屏
發行專員／王薇捷、呂妍蓁
會計經理／陳碧蘭
發行經理／高世權、呂和儒
總編輯、總經理／蔡連壽
出 版 者／大樂文化有限公司
地址：新北市板橋區文化路一段 268 號 18 樓之 1
電話：（02）2258-3656
傳真：（02）2258-3660
詢問購書相關資訊請洽：2258-3656
郵政劃撥帳號／50211045　戶名／大樂文化有限公司

香港發行／豐達出版發行有限公司
地址：香港柴灣永泰道 70 號柴灣工業城 2 期 1805 室
電話：852-2172 6513　傳真：852-2172 4355

法律顧問／第一國際法律事務所余淑杏律師
印　　刷／韋懋實業有限公司

出版日期／2020 年 8 月 24 日
定　　價／300 元（缺頁或損毀的書，請寄回更換）
I S B N　978-957-8710-88-7

大樂文化

大樂文化